元宇宙通证

邢杰 赵国栋 徐远重 易欢欢 余晨
·编著·

中国出版集团
中译出版社

图书在版编目（CIP）数据

元宇宙通证 / 邢杰等编著. — 北京：中译出版社，2021.8（2021.12 重印）
ISBN 978-7-5001-6704-4

Ⅰ. ①元… Ⅱ. ①邢… Ⅲ. ①信息经济 Ⅳ. ① F49

中国版本图书馆 CIP 数据核字（2021）第 142891 号

出版发行：中译出版社
地　　址：北京市西城区车公庄大街甲 4 号物华大厦六层
电　　话：010-68359719
邮　　编：100044
电子邮箱：book @ ctph.com.cn
网　　址：www.ctph.com.cn

策划编辑：于　宇　刘香玲　张　旭
责任编辑：张　旭
文字编辑：方荟文　薛　宇　黄秋思　赵浠彤　张莞嘉　张程程
营销编辑：张　晴　顾　问　吴一凡　毕竞方　杨　菲
封面设计：仙　境
排　　版：聚贤阁

印　　刷：北京顶佳世纪印刷有限公司
经　　销：新华书店
规　　格：787mm×1092mm　1/16
印　　张：9.75
字　　数：109 千
版　　次：2021 年 8 月第 1 版
印　　次：2021 年 12 月第 4 次

ISBN 978-7-5001-6704-4　　定价：45.00 元

版权所有　侵权必究
中译出版社

序 一

"元宇宙"和"后人类社会"

一

1992年，尼尔·斯蒂芬森（Neal Stephenson）的科幻小说《雪崩》（*Snow Crash*）出版，好评如潮。《雪崩》描述的是脱胎于现实世界的一代互联网人对两个平行世界的感知和认识。但是，不论是作者，还是书评者，都没有预见到在30年之后，此书提出的"元宇宙"（Metaverse）概念形成了一场冲击波。[①]

其标志性事件就是2021年3月10日，沙盒游戏平台Roblox作为第一个将"元宇宙"概念写进招股书的公司，成功登陆纽交所，上市首日市值突破400亿美元，引爆了科技和资本圈。这之后，关于"元宇宙"的概念与文章迅速充斥各类媒体，引发思想界、科技界、资本界、企业界和文化界，甚至政府部门的关注，形成了"元宇宙"现象。

---

① 《雪崩》相关译文："名片背面是一堆杂乱的联络方式：电话号码、全球语音电话定位码、邮政信箱号码、六个电子通信网络上的网址，还有一个'元宇宙'中的地址。"在《雪崩》的中文译本（郭泽译，四川科学技术出版社2009年版）中，"Metaverse"被翻译为"超元域"。

如何解读这样的现象，解释"元宇宙"的定义？关于"元宇宙"最有代表性的定义是："元宇宙"是一个平行于现实世界，又独立于现实世界的虚拟空间，是映射现实世界的在线虚拟世界，是越来越真实的数字虚拟世界。比较而言，"维基百科"对"元宇宙"的描述更符合"元宇宙"的新特征：通过虚拟增强的物理现实，呈现收敛性和物理持久性特征的，基于未来互联网的，具有连接感知和共享特征的 3D 虚拟空间。

也就是说，2021 年语境下的"元宇宙"的内涵已经超越了 1992 年《雪崩》中所提到的"元宇宙"：吸纳了信息革命（5G/6G）、互联网革命（Web 3.0）、人工智能革命，以及 VR、AR、MR，特别是游戏引擎在内的虚拟现实技术革命的成果，向人类展现出构建与传统物理世界平行的全息数字世界的可能性；引发了信息科学、量子科学、数学和生命科学的互动，改变了科学范式；推动了传统的哲学、社会学，甚至人文科学体系的突破；囊括了所有的数字技术，包括区块链技术成就；丰富了数字经济转型模式，融合 DeFi、IPFS、NFT 等数字金融成果。

如今，"虚拟世界联结而成的元宇宙"，已经被投资界认为是宏大且前景广阔的投资主题，成了数字经济创新和产业链的新疆域。不仅如此，"元宇宙"为人类社会实现最终数字化转型提供了新的路径，并与"后人类社会"发生全方位的交集，展现了一个可以与大航海时代、工业革命时代、宇航时代具有同样历史意义的新时代。

二

人类的文明史有多久，人类探讨"宇宙"的历史就有多久。公元前450年，古希腊哲人留基伯（Leucippus，约前500年—前440年），从米利都前往一个叫阿夫季拉的地方，撰写了一本著作《宇宙学》（*The Great Cosmology*）。之后，他的弟子德谟克利特（Democritus，约前460年—前370年）又写了《宇宙小系统》（*Little Cosmology*）一书。正是他们师生二人，构建了古典原子论和宇宙学的基础。

当人类将自己的价值观念、人文思想、技术工具、经济模式和"宇宙"认知结合在一起的时候，被赋予特定理念的"宇宙"就成了"元宇宙"。在这样的意义上，"元宇宙"经历了三个基本历史阶段。

第一阶段：以文学、艺术、宗教为载体的古典形态的"元宇宙"。在这个历史阶段，西方世界的《圣经》、但丁的《神曲》，甚至达·芬奇的《蒙娜丽莎》、巴赫的宗教音乐，都属于"元宇宙"。其中，但丁的《神曲》包含了对人类历经坎坷的"灵魂寓所"——一个闭环式的至善宇宙的想象。在中国，《易经》《河洛图》《西游记》则是具有东方特色的"元宇宙"代表。

第二阶段：以科幻和电子游戏形态为载体的新古典"元宇宙"。其中，最经典的作品是200年前雪莱夫人的科幻小说《弗兰肯斯坦》（*Frankenstein*）和J. K. 罗琳的《哈利·波特》（*Harry Potter*）。1996年，通过虚拟现实建模语言（VRML）构建的Cybertown，是新古典"元宇宙"重要的里程碑。最有代表性和震撼性的莫过于1999年全球上映的影片《黑客帝国》(*The Matrix*)，一个看似正常的现实世界可能被名为"矩阵"的计算机人工智能系统所控制。

第三阶段：以"非中心化"游戏为载体的高度智能化形态的"元宇宙"。2003年，美国互联网公司Linden Lab推出基于Open3D的"第二人生"(*Second Life*)，是标志性事件。之后，2006年Roblox公司发布同时兼容了虚拟世界、休闲游戏和用户自建内容的游戏*Roblox*；2009年瑞典Mojang Studios开发《我的世界》(*Minecraft*)这款游戏；2019年Facebook公司宣布Facebook Horizon成为社交VR世界；2020年借以太坊为平台，支持用户拥有和运营虚拟资产的Decentraland，都构成了"元宇宙"第三历史阶段的主要的历史节点。

"元宇宙"源于游戏，超越游戏，正在进入第三阶段的中后期：一方面，游戏为主体的"元宇宙"的基础设施和框架趋于成熟；另一方面，游戏与现实边界开始走向消融，创建者仅仅是最早的玩家，而不是所有者，规则由社区群众自主决定。

Roblox的CEO David Baszucki提出了"元宇宙"的八个基本特征：身份（Identity）、朋友（Friends）、沉浸感（Immersive）、低延迟（Low Friction）、多元化（Variety）、随地（Anywhere）、经济系统（Economy）和文明（Civility）。基于Baszucki的标准，"元宇宙"＝创造＋娱乐＋展示＋社交＋交易，人们在"元宇宙"中可以实现深度体验。

"元宇宙"正在形成其特定的构造。Beamable公司创始人Jon Radoff也提出"元宇宙"构造的七个层面：体验（Experience）、发现（Discovery）、创作者经济（Creator Economy）、空间计算（Spatial

Computing)、去中心化（Decentralization）、人机交互（Human Interface）、基础设施（Infrastructure）。

2020 年，在全球新冠肺炎疫情背景下，以下典型事件触发了人们对"元宇宙"的期待。其一，虚拟演唱会：美国著名流行歌手 Travis Scott 在游戏《堡垒之夜》（*Fortnite*）中举办了一场虚拟演唱会，全球 1230 万游戏玩家成为虚拟演唱会观众。其二，虚拟教育：家长们在沙盘游戏《我的世界》和 *Roblox* 上为孩子们举办生日派对。其三，虚拟金融：CNBC 报道"元宇宙"的地产浪潮，投资"元宇宙"资产基金的设立，全方位虚拟化"元宇宙"资产和财富模式正在形成。其四，学术活动虚拟化：全球顶级 AI 学术会议 ACAI 在《动物森友会》（*Animal Crossing Society*）上举行研讨会。其五，虚拟创作：*Roblox* 影响了整个游戏生态，吸引的月活跃玩家超 1 亿人，创造了超过 1 800 万个游戏体验。

如此下去，人们很快可以随时随地切换身份，穿梭于真实和虚拟世界，任意进入一个虚拟空间和时间节点所构成的"元宇宙"，在其中学习、工作、交友、购物、旅游。对于这样的经济系统、社会系统和社会生态，人们目前的想象力显然是不够的。

三

2021 年可以被称为"元宇宙"元年。"元宇宙"呈现着超出想象的爆发力，其背后是相关"元宇宙"要素的"群聚效应"（critical mass），近似 1995 年互联网所经历的"群聚效应"。

要真正理解"元宇宙"，必须引入技术视角。在技术视角下，技术意义的"元宇宙"包括内容系统、区块链系统、显示系统、操作系统,最终展现为超越屏幕限制的3D界面,所代表的是继PC时代、移动时代之后的全息平台时代。

支持"元宇宙"的技术集群包括五个板块:其一,网络和算力技术——包括空间定位算法、虚拟场景拟合、实时网络传输、GPU服务器、边缘计算,降低成本和网络拥堵;其二,人工智能;其三,电子游戏技术——例如,支持游戏的程序代码和资源(图像、声音、动画)的游戏引擎;其四,显示技术——VR、AR、ER、MR,特别是XR,持续迭代升级,虚拟沉浸现实体验阶梯,不断深化的感知交互;其五,区块链技术——通过智能合约,去中心化的清结算平台和价值传递机制,保障价值归属与流转,实现经济系统运行的稳定、高效、透明和确定性。"元宇宙"是以"硬技术"为坚实基础的,包括计算机、网络设备、集成电路、通信组件、新型显示系统、混合现实设备、精密自由曲面光学系统、高像素高清晰摄像头。2021年,虚拟现实穿戴设备制造商Oculus的最新VR产品销量持续超预期,再次点燃了市场对于虚拟现实的想象。"元宇宙"形成的产业链将包括微纳加工,高端制造,高精度地图,光学制造(如衍射波导镜片、微显示和芯片制造),以及相关的软件产业。最终,"元宇宙"的运行需要物理形态的能源。

四

"元宇宙"是具象的,也是抽象的。具象的"元宇宙"是以抽象的"元宇宙"为基础的。

抽象的"元宇宙"首先是数学意义的"元宇宙"。抽象代数很可能是研究"元宇宙"的数学工具。因为抽象代数基于"群、环、域"的概念，通过研究确定一个对象集合的性质以理解与解决另一个对象集合中的复杂关系问题，寻找可能存在于它们之间的某种集合元素对应变换的等价性，符合"第一群同构定理"，现实世界与虚拟世界之间存在对称和映射关系。如果 R 是现实世界的客体元素集合，R′是虚拟世界或元宇宙中的虚拟元素集合，进而 R′是对现实世界 R 的缩小或压缩，即虚拟世界 R′＜现实世界 R。所谓的"元宇宙"则是现实世界 R 与虚拟世界 R′之和。

简言之，抽象代数所建立的同态映射与同构模型，有助于理解"元宇宙"。

此外，还有一个被称为"自然转型"（natural transformation）的理论，属于"范畴理论"（category theory）分支，描述两个数学结构如何存在映射关系，也有助于从抽象数学层次理解"元宇宙"形成的深刻原理。

量子力学也有助于对"元宇宙"的抽象性理解。在可以观测的宇宙，其大部分的组成来自占 26.8% 的暗物质和占 68.3% 的暗能量。不仅如此，物质 99% 的空间都是空的。唯有量子、粒子作为一个零维的点，可以穿过坚不可摧的墙，同时存在于两个地方。当环境发生变化时，量子可以改变自身的状态。可见，量子力学与全息宇宙的理论存在极大的重合性。

整个宇宙可以被看作一个二维的结构，加上人类信息，构成三维世界模式。在新的模式中，所有存在的事物都可以编码成量化的意识。或者说，人们的记忆主要依靠的是不同的意识时刻编码形成的信息。

美国维克森林大学医学院的罗伯特·兰扎（Robert Lanza）教授指出：人们的意识创造了宇宙，而不是宇宙创造了人们的意识，时空是"意识工具"。没有意识，所有的物质都会处在一个不确定的状态下。不仅如此，时间不是真的存在，空间也只是人们感知事物的一个概念。任何关于时间和连续性的看法实际上都是一种错觉。

经过量子力学所诠释的"元宇宙"，就是那些可以完美描述我们所有经历的一个又一个意识的"信息块"。在这样的意义上，"元宇宙"是全息的。

五

面对正在形成，甚至很快进入"大爆炸"阶段的"元宇宙"，不得不回答"元宇宙"的主体是什么，即"元宇宙"的原住民是谁。

在"元宇宙"的早期，真实世界中的人们通过数字映射的方式获得虚拟身份，通过数字化，实现对传统人的生理存在、文化存在、心理和精神存在的虚拟化配置，进而成为"元宇宙"的第一代虚拟原住民。这些原住民具备现实人与虚拟人的双重身份，拥有自我学习的能力，可以在"元宇宙"中互动和交流。若干年前上映的科幻电影《银翼杀手2049》展现了未来社会的"人类"构成：生物人、电子人、数字人、虚拟人、信息人，以及他们繁衍的拥有不同的性格、技能、知识、经验等天赋的后代。

可以肯定，未来的"元宇宙"居民势必多元化，只会比《银翼杀手2049》中的社会更为复杂，每个个体都不会只具有单一身份，而是具有复杂身份，生命也是从有限生命到无限生命。

如果说"元宇宙"的本质是"信息块",那么,"信息视角下的生命"是什么?作为信息人、数字人、虚拟人,完全可以想象一个由信息构成的网络。

"元宇宙"的主体,生物人、电子人、数字人、虚拟人、信息人,最终都演变为有机体和无机体,人工智能和生物基因技术的结合,形成所谓的"后人类"。其实,在过去的三四十年间,"后人类"问题已经引发一些学者的关注和研究。

美国后现代主义学者唐娜·哈拉维(Donna Haraway)发表《赛博格宣言:20世纪80年代的科学、技术以及社会主义女性主义》(*A Manifesto for Cyborgs: Science, Technology, and Socialist Feminism in the 1980s*)一文,将后人类命名为"赛博格",他们在未来世界将行走于生物体和机器之中,是虚拟和现实之间的新形态人类。

美国的未来学家雷·库茨魏尔(Ray Kurzweil)于1986年出版的《智能机器人的时代》(*The Age of Intelligent Machines*)一书中,将人类社会的进化概念分成了六个纪元:第一纪元,物理和化学;第二纪元,生物与DNA;第三纪元,大脑;第四纪元,技术;第五纪元,智慧和技术的结合;第六纪元,宇宙的觉醒。在这个阶段,传统人类成为非生物人类,也就是半个机器人,升级成人类3.0版本,宇宙面临奇点的最终命运。

美国社会学家弗朗西斯·福山(Francis Fukuyama)在他的著作《我们的后人类未来:生物技术革命的后果》(*Our Posthuman Future: Consequences of the Biotechnology Revolution*)中指出:现代生物技术生产的最大危险在于它有可能修改乃至改变人类的本性,"人性终将被生物技术掏空,从而把我们引入后人类的历史时代"。

现在，现实人类和他们创造的虚拟人，正在形成新的社会关系与情感连接，成为开拓"元宇宙"边界的先驱者，并在虚拟新大陆上构建"后人类社会"。

值得注意的是，1990年左右出生的"Y"世代人群，对即时通信、网游、云计算具有天然的接受能力，更在意生活体验，是同时生活在现实世界和虚拟世界的第一代，带动了"YOLO（You Only Live Once）文化"的兴起。但是，2010年之后出生的新一代，则是人类历史上与生俱来与尖端科技互动，并将科学技术进步完全融入自己生活的第一代人，也将是"元宇宙"完全意义的"原住民"，已经开始参与"元宇宙"的构建，推动"元宇宙"向更高阶的维度发展。

也可以将"后人类社会"形成过程想象为生命形态从所谓的"碳基生命"向"硅基生命"过渡的过程。其间自始至终会存在两种演变：一种演变是生物学的、信息论的、技术的演变；另一种演变则是伦理、文化和社会层面的。这两种演变都同时充满期望和难以预期风险的前景。有一种说法：在未来，90%以上的人类活动，如科研、艺术、教学、开发、设计，都会在元宇宙中进行[①]。所以，如何评估"元宇宙"模式的风险，需要尽早提上日程。

六

"元宇宙"时代的到来，不是未来时，而是现在进行时。因

---

① 参见吴啸《"元宇宙"——21世纪的出埃及记》。

此，有一系列新的问题需要考量：

第一，如何确定"元宇宙"价值取向、制度选择和秩序。在现实世界，当下的人类具有完全不同的甚至对立的价值取向，还有不同信仰，特别是宗教信仰。所以，"元宇宙"需要面对这些富有挑战性的课题：如何避免简单复制现实世界的价值观？如何实现"元宇宙"的"制度"设计？在"制度"设计中要不要坚持自由、主权、正义、平等之类的原则？怎样确定"元宇宙"的秩序和运行规则？何以制定"元宇宙"宪章？简言之，如何确定支持"元宇宙"文明框架的体系？

第二，如何制定"元宇宙"内在的经济规则。在"元宇宙"中，不存在人类经历的农耕社会和工业社会，也不存在现实世界的传统产业结构。在"元宇宙"中，"观念经济"将是经济活动的基本形态，金融货币的天然形式不可能再是贵金属，而是虚拟的社会货币。现在，处于早期阶段的"元宇宙"经济体系，可以移植和试验所有数字经济创新成果，包括各类数字货币，试验合作经济、共享经济和普惠金融，消除在现实世界难以改变的"贫富差距"。

第三，怎样避免"元宇宙"内在垄断。"元宇宙"具有避免被少数力量垄断的基因。Roblox 的联合创始人 Neil Rimer 提出：Metaverse 的能量将来自用户，而不是公司。任何单独一家公司是不可能建立"元宇宙"的，而是要依靠来自各方的集合力量。Epic 公司 CEO 蒂姆·斯威尼（Tim Sweeney）也强调："元宇宙"另一个关键要素在于，它并非出自哪一家行业巨头之手，而是数以百万计的人们共同创作的结晶。每个人都通过内容创作、编程和游戏设计为"元宇宙"做出自己的贡献，还可以通过其他方式为"元宇宙"增加价值。2020 年，国内流行过一种"全真互联网"的概念。这样的概念忽视了互联网与区块链结合的趋势，以及 Web 3.0 的非中心化的特征。"全真互联网"让人们想到金庸小说《射雕英雄传》与《神雕侠侣》所描写的江湖世界中的那个"全真派"。

第四，如何预防"元宇宙"的霸权主义和"元宇宙"之间的冲突。在未来，"元宇宙"并不是"一个"宇宙，新的"元宇宙"会不断涌现，形成多元化的"元宇宙"体系，如同"太阳系"和"银河系"。不仅如此，"元宇宙"是开放的，任何一个"元宇宙"的居民都可以同时生活在不同的"元宇宙"中。"元宇宙"也存在进化，在这样的场景下，需要建立"元宇宙"之间和谐共存的规则，消除人类曾经构想的"星球大战"的任何可能性。

第五，如何维系现实世界和"元宇宙"之间的正面互动关系。可以预见，因为"元宇宙"，人可以同时栖息在真实与虚拟世界中，导致人的神经感知延伸，意识扩展。"元宇宙"的形成与发展，需要与现实世界互动，实现两个世界从理念、技术到文化层面的互补和平衡，形成新的文明生态。在"元宇宙"早期阶段，两个世界的互动关系还是通过现实人类不断改变存在身份，以及虚拟机和预言机作为技术性媒介实现的。如果人类和他们的虚拟生命在"元宇宙"的社会活动和生活方式中获得更多的幸福，将这样的感受和体验带回到现实世界，有利于现实世界向善改变，有助于深刻认知"人类共同体"理念。

第六，如何协调资本、政府和民众参与创建"元宇宙"。创建"元宇宙"，政府、资本和民众都有各自的功能。在早期，政府的作用相当重要。2021 年 5 月 18 日，韩国宣布建立一个由当地公司组成的"元宇宙联盟",其目标是建立统一的国家级 VR 和 AR 的增强现实平台,厘清虚拟环境的道德和法律规范,确保元宇宙"不是一个被单一大公司垄断的空间",将虚拟服务作为一个新的公共品。韩国的"元宇宙联盟"构想值得我们关注和学习。

对上述问题的考量,其实都没有彻底摆脱和超越作为当下"人类"的思考模式。如果是"元宇宙"的全新思考范式,就应该相信,"元宇宙"一旦形成,就会有自己的生命力,以及自我调整和演变的内在动力。

七

人类在关注和参与"元宇宙"的形成与发展过程中,传统的生命概念、时空概念、能量概念、族群概念、经济概念和价值观念都会被改变和颠覆,触及哲学,甚至伦理学。

因为"元宇宙",导致人们重新思考基本的哲学概念:先验知识、存在和存在主义、经验主义、二元论、语言本质、超现实社会、单向度,进而影响对以下哲学家所提出的哲学思辨的认知。

第一,笛卡儿(René Descartes)的"二元论"。笛卡儿认为,心灵和身体是两个不同的领域,进而提出是否存在支配两者的普遍法则的问题。在"元宇宙"世界,心灵和身体发生重合,完全实现了"我思故我在"。只有在认识论(epistemology)的意义上,世界才是依赖主体的,或者说是主体建构了世界的性质。

第二,萨特(Jean-Paul Sartre)的"存在"与"虚无"的关系。萨特的代表作《存在与虚无》(L'Être et le Néant),通过"存在与虚无"的二元性代替了"物与人"的二元性,进而提出人被虚无所包围，虚无即是人的真实存在，人终究被非存在所制约。所以，人就是虚无，并且是一切虚无之源。而"元宇宙"的本质上，实现了存在和虚无的真实"关联"和"统一"。

第三，福柯（Michel Foucault）的"我应该是什么"。根据福柯的《词与物》（*Les Mots et les choses: un archeologie des sciences humaines*），在18世纪末以前，并不存在人。"人"是新近的产物，是现代认识型的产物。因此，在《词与物》一书的最后一页写道："人将被抹去，如同大海边沙地上的一张脸。"于是，"人之死"（death of men）就不可避免。福柯的后现代理论对现代体制的质疑，为虚拟空间和"元宇宙"造就替代传统人类的"新人类"提供了合法性缘由。

第四，海德格尔（Martin Heidegger）和维特根斯坦（Ludwig Wittgenstein）的"语言就是世界"。海德格尔认为，语言并不是一个表达世界观的工具，语言本身就是世界。维特根斯坦的语言理念则是：语言就是游戏，也是一种生活形式。"元宇宙"的语言系统不同于传统人类自然语言，而是计算机程序语言，代码转化的文本、声音、图像、视频，以及其他符号形式，进而构成新的文明规则。所以，其中的活动与游戏，以及语言游戏之间并没有清晰的边界。如果海德格尔和维特根斯坦看到"元宇宙"的语言深层结构，他们会重新定义语言与人类社会活动的关系。

第五，博德里亚尔（Jean Baudrillard）的"大众化的虚无世界"。博德里亚尔在他的《在沉默的大多数的阴影下》（*À l'ombre des majorités silencieuses*）中，表现出对当代社会的敏锐观察：旧的阶级结构瓦解，传统社会秩序的所有支点都不可避免地"中性化"，进入了所谓的大众化的虚无世界，或者虚无状态，现实与虚构之间的界限已经消失。不得不承认,"元宇宙"就是现代社会走向虚无趋势的一种具有积极意义的显现。

结束本文的时候,要对中国历史上的哲人充满崇敬之心。南宋哲学家陆九渊(1139—1193年)在延续自战国时代关于"宇宙"的诠释,即"四方上下曰宇,往古来今曰宙"的基础上,进而提出"宇宙便是吾心,吾心即是宇宙",确认了"心学"的内核。之后的明朝哲学家王阳明(1472—1529年)将"心学"提到了前所未有的高度,指出"无心外之理,无心外之物"。当今,要认知"元宇宙"的真谛,需要参透陆九渊和王阳明深邃的思想。

朱嘉明

著名经济学家

珠海市横琴新区数链数字金融研究院学术与技术委员会主席

2021年6月12日

序 二

元宇宙：新一代无限网络

什么是"元宇宙"？

正所谓"一千个人眼里就有一千个哈姆雷特"。

解释什么是元宇宙，也可以有多个角度、多个层次。

而我，更愿意从"人"的角度来解释什么是"元宇宙"。

元宇宙是人类数字化生存的最高形态。互联网让人有了线上"化身"，于是，有人说，"在互联网上，没有人知道你是一条狗"；元宇宙让人有了数字世界的"分身"：一个虚拟数字人的你，既与现实世界的你是数字孪生的一对，又是原生于数字世界的另一个你，可能比现实世界的你要更丰富多彩、生动灵现、角色多元。元宇宙也是人的社会、人的世界。只不过，它是人的虚拟社会、人的数字世界。

因此，元宇宙本质上也会像过去几千年的现实社会一样，人类总是在致力于使其繁衍生息、绵绵不绝。越深入了解元宇宙，越觉得它像极了哲学家、宗教学者詹姆斯·卡斯（James P. Carse）描绘的"无限的游戏"。在无限的游戏里，没有时间、空间，没有结束、终局；只有贡献者，没有输者赢家；所有参与者都在设法让游戏能够无限持续下去。正如他在《有限与无限的游戏》一书中所说"无限游戏的参与者在所有故事中都不是严肃的演员,而是愉悦的诗人。这一故事永远在继续,没有尽头"。很难设想元宇宙会类似竞技运动或者博彩游戏。你的数字"化身",生命周期可以是无限的,尤其是在 AI 的帮助下,甚至可以让你在身后活出更大的精彩。

复杂系统科学发源地圣塔菲研究所的前所长、物理学家杰弗里·韦斯特(Geoffrey West)在其《规模:复杂世界的简单法则》一书中,探讨了生物、企业、城市的成长与消亡的周期问题。城市的兴衰跨越数百年,而企业的兴衰平均只有数十年。没有任何一家企业的寿命能够超越一座城市。其中一个最重要的原因就在于企业是一个自上而下的封闭系统,以市场竞争为手段,以追求利润最大化为目标,因此总是遵循边际成本递增、边际收益递减的规律。规模永远是企业不可逾越的"边界";而城市则是一个开放、包容的系统,呈现出生态体系的特征。城市的人口数量每增加 1 倍,公共配套设施只需要增加 0.85 倍,而知识传播、工作岗位和创新能力,都会因为人群的集聚而成倍增长。城市遵循的是规模成本递减、规模收益递增的规律。

元宇宙就是这样一个规模成本递减、规模收益递增的生态系统,因此能生生不息、延绵不绝。

这样一个"无限游戏"的元宇宙,它的治理结构是分布式、去中心、自组织的。加入元宇宙是无须许可的,沉浸在元宇宙中是自由自在的。元宇宙制定规则依靠的是共识,遵守规则依靠的是自治。

这样一个"无限游戏"的元宇宙,它的经济模式是"利益相关者制度"。价值共创者就是利益共享者,没有股东、高管、员工之分。所有参与者"共建、共创、共治、共享"。

这样一个"无限游戏"的元宇宙，它的商业模型是创作者驱动。互联网是消费者驱动，用户数是互联网估值的核心指标。区块链是技术开发者驱动，开发者社区的建立是区块链成功的标志。元宇宙是内容创作者驱动，丰富多彩、引人入胜的内容是元宇宙"无限游戏"的关键。

元宇宙不是下一代互联网，而是下一代网络。CT技术构成了通信网络；计算机互联网构成了信息网络；而人类社会迈入数字化时代，AI、云计算、区块链等构成了数字网络。元宇宙是新一代的网络：数字网络。

这几位作者朋友，思维敏捷、唯实唯新！当他们告诉我，他们合作写了一本关于元宇宙的著作时，我着实惊讶于他们的眼疾手快！细读书稿，获益良多！于是本着写一个读书笔记的初衷，欣然应允为本书作序，祝《元宇宙》一纸风行，洛阳纸贵！

肖 风

万向区块链公司董事长

2021年7月28日

序 三

元宇宙，人类的初心

几位年轻人聚在一起，写了一本通俗读本，把刚刚火起来的新词"元宇宙"条分缕析，再层层架构，形成一门学问。对传统学者而言，以一个月的高谈阔论成书过于草率鲁莽。不过，对于站在数字世界边缘的新生代们，这已经是姗姗来迟了。我熟悉这几位年轻人，他们都是驰骋在移动互联网、大数据和区块链三个领域的资深玩家，是充满激情的布道者。"弄潮儿向涛头立，手把红旗旗不湿"。

翻阅全书，多有饶舌烧脑处，跌跌撞撞，却又藕断丝连，具有逻辑张力。从游戏引爆"元宇宙"开始，展开了一个以网络、数字和人工智能为基础的虚拟世界。从比特币到NFT，将混沌初开的幻象彼岸过滤成万千独一无二的可交易产品和场景。在书中，传统的价值体系被无情抛弃，习惯的经济学、社会学和政治学规则逐一失灵。归根结底一句话，新生代的共识才能创造"元宇宙"的价值。

庞杂的架构、突兀的词语、松散的逻辑、急促的分析，这本书看上去似乎不那么成熟，作者没有提供任何解决方案，但给了读者无限的解读空间和自由的想象空间。有趣的是，几位作者仍然站在传统的大陆上向未来的新世界努力投射智慧光芒，各种假设、各种预期、各种指标，甚至各种"基础设施"建议。不过，"元宇宙"已经使人类切断了基因脐带的全新结构，在无限的"0"与"1"的组合中衍生自己的命运了。

过去100年里，人类基本解决了衣食住行这些现实世界的种种困扰。

过去30年里，人类创造了可以承载精神寄托的网络平台和数据工具。

现实世界中我们无法企及的幻想和难以排解的焦虑，可以在平行的精神"元宇宙"中解放了，何其快哉也！

我们在"元宇宙"里肆意放纵的意志和天马行空的臆想终于得到释放，而且，还可以下凡到现实世界里小试锋芒，更是痛快淋漓！

人类归根结底是精神生物，几千年的产业文明积累让我们享受物质化生存，而几十年的互联网和数字革命则让我们回归精神社会。

"元宇宙"——才是人类初心。

7月15日，在北京瑞吉酒店的盖亚星球大会讲演上，我对约300名被称为Z世代人类的年轻大学生讲道，"元宇宙"不是一个，而是无数个。每个人都有自己的"元宇宙"，每个人还可以有许多个同时叠加的"元宇宙"。你们这一代远比我们这些还在现实世界中挣扎的传统一代更加快乐和有创造力。

"元宇宙"不同于哲学家的冥想空间，这是一个数据化、网络化、智能化的大千世界，我们可以设计、编辑、运行、体验和把握的超现实世界，而且可以关联、干预、创造和操控我们生存的现实世界。

　　理解了"元宇宙",我们才能更好地理解和享受我们的现实世界。

　　推荐大家读一读这套书,一起开启未来的智识历程。

王　巍

金融博物馆理事长

2021年7月19日

前 言

元宇宙通证，通向未来的护照

一切过往，皆为序章。

半导体、无线电、计算机、互联网、AR/VR/MR（增强现实/虚拟现实/混合现实）、云计算、大数据、AI（人工智能）、物联网、工业互联网、区块链、量子计算等一切辉煌的过往及未来，都是为元宇宙而准备的。

今后，除了身份证和护照，每个人都将有一个元宇宙的通证！一证通行人类数字文明浸润下的虚实共生的元宇宙世界。

数字文明的特征是所有生产行为由算力交付、所有分配机制由智能合约履行，人只需要创造并获取快乐，庄子"逍遥游"和柏拉图"理想国"的夙愿终将实现。

2021年3月，Roblox上市后意外走红，让元宇宙第一次破了圈。有人说，元宇宙就是游戏。这句话正确的前提是：一切都是游戏。有人说，元宇宙是下一代互联网。这实在委屈了它，它分明是下一代人类社会。

像宇宙一样，元宇宙没有目的；像互联网一样，元宇宙没有中心，也没有所有者。元宇宙由无数个小元宇宙、子元宇宙构成，每个人可以共用一套身份系统及其对应的若干NFT（非同质化代币）数字资产。

这个虚实共生的永续世界，也是人类下一代伟大的劳动平台。建设元宇宙的过程，不仅是现实世界人、财产、社交关系和行为等一切事务的数字化映射过程，更是人类政治学、经济学、管理学、伦理学、法学、社会学等一系列重大学科重构的过程。

我们进入元宇宙的虚拟世界，是因为现实生活中有那么多不存在和不够美好的东西。人类的发展史也是一次次虚构出更美好世界的历史，虚构是智人的核心竞争力，虽然我们很可能是最后几代智人，即将交棒给迭代的后人类、超人类。

我们夜以继日赶著的这本书，一定"免费赠送"了不少遗憾和错漏，就像建设中的元宇宙一样。但我们的初心是希望它能够成为您通往元宇宙光明未来的护照！

每位读者，扫描书后的二维码，可以加入我们这套元宇宙系列图书的书友社群，持有我们的"通证"将可以享有社群后续一系列的升级"智能合约"，这是元宇宙"创世者"的家园。

目 录

第一篇 众说纷纭

一、元宇宙灵魂七问 003

二、元宇宙无限游戏的无限正和机遇 007

三、国内外名家眼中的元宇宙 010

第二篇 价值与机遇

四、元宇宙对我有何用 025

五、国内外元宇宙的建设进度与现状 027

六、元宇宙内：万亿集群的全新机遇 032

七、元宇宙外：千行万业的元宇宙化 034

第三篇 一切历史都是未来史

八、人类科技发展史全景长图 039

九、IT/ICT 发展史全景长图 041

十、互联网发展史全景长图 051

十一、区块链发展史全景长图 060

第四篇　解构元宇宙

十二、元宇宙 BIGANT 六大技术全景图　069

十三、元宇宙产业生态全景图　073

十四、元宇宙经济学　075

十五、元宇宙的 DAO 与治理　085

十六、元宇宙内产业发展阶段预测图解读　092

第五篇　行胜于言 Let's Go

十七、元宇宙第一功：开启创作者经济时代　097

十八、马斯克 & 孙正义：兴奋无眠，干！　100

致　谢　103

名家推荐　105

众说纷纭

马斯克说

最好的学习方式

就是自己找书看

然后找一帮厉害的人聊天

一、元宇宙灵魂七问

1. 物理世界的你真的比元宇宙虚拟世界的你更真实吗？

我们在现实世界里往往戴着形形色色的面具，因为政治、宗教、组织、血缘、种族、职业、岗位、利益等各种原因，时间一久，面具和面孔的界面可能就变得模糊了。

而元宇宙世界中的你，不再受物理世界的约束，可以根据本性放飞真实的自我。人们将逐步把大多数工作和生活的时间都花在元宇宙的数字世界里。

究竟哪个你更真实，看心在哪里就知道了。

2. 元宇宙会成为人类的"精神鸦片馆"吗？

元宇宙的沉浸感、幸福感日趋完美，如果人人沉迷其中像吸食鸦片一样，物理世界还会更美好吗？是否会进入"现实越差，虚拟越好"的恶性循环轨道？

3. 真正去中心化的元宇宙一定会更美好吗？

中心化在元宇宙里必然会消亡吗？没有中心化的元宇宙一定会更好吗？在元宇宙的终极阶段到来前，这只会是理想主义者的幻想。

随着历史的演进，人们也许都会接受一种更有公信力的虚拟货币，就像大部分国家逐渐接受美元一样；财产在元宇宙里穿越国界以 NFT 的方式自由流转，比在欧盟的成员国之间流转更自由方便。但这一切的发生并不意味着国家的消亡。

欧盟成员国将自己的铸币权和国防权都交给欧盟后，国家仍然没有消亡。未来，税收会以智能合约的形式长期存在。

去中心化这个话题是分层、分维度的，底层系统的去中心化不代表上层不会有各种中心化的组织。正如宇宙本身是去中心化的，但里面仍然有各种中心化的星系。一个大的生态系统，一定是由无数大大小小的中心化和去中心化的组织共同组成，物种单一就不叫生态系统了。在元宇宙里，去中心化的组织会逐渐成为一种主流，但不会是全部。

未来的元宇宙，国家的形态和资源分配方式会跟现在有很大的差异，但国家仍会存在相当长的时间。

当元宇宙进化到终极阶段，成为一个万能的 AI 系统时，整个元宇宙就是一个我们向往的社会，一切按需分配，那时候国家也许就可以退出人类的历史舞台了。

4. 元宇宙的边界究竟在哪里？

人们很快会知道，元宇宙不只是游戏，也不只是数字虚拟世界，元宇宙未来将是虚实共生共融的庞大世界！其中的数字虚拟世界会远远大于物理世界。

在虚实共生的大概念之下，宇宙应该也只是元宇宙的物理部分，甚至平行宇宙也只是元宇宙的一部分。那元宇宙之外又是什么呢？元宇宙的边界在哪里呢？

为了不导致混淆，以后我们聊天时可能首先得界定自己说的是元宇宙的物理世界，还是元宇宙的数字虚拟世界。

如果按上面的定义，那就只有一个元宇宙，不存在多个元宇宙。元宇宙内的那些可以叫子元宇宙、分叉元宇宙、小元宇宙、品牌元宇宙、××元宇宙……

5. 在元宇宙里如何解决社交效率和阶层固化的矛盾？

在现实社会中，鄙视链既是社交效率高的结果，也是阶层固化的主要原因之一。比如在一个微信群里，一旦群成员知道了所有人的身份信息，找人的效率虽然提高了，但阶层将慢慢固化，跨阶层的社交将变得越来越困难。

元宇宙将建立怎样的共识机制，既能够大幅提高社交效率，又能避免因此引发的阶层固化？

6. 元宇宙里 DAO 社区的民主边界是什么？

在一个去中心化的世界里，社区成员的个体民主权利与社区整体利益最佳的边界在哪里？极端民主和极端集权之间是否会存在无数的边界？即去中心化的程度是否有若干梯度？

7. 终极之问：大脑与元宇宙实时无线互联后，人、元宇宙与物理世界三者之间还有边界吗？

对人类而言，眼睛、耳朵、鼻子和身体感知的现实世界，在大脑那里不过只是一簇簇生物电信号而已。

如果脑机接口发展到可以无线、实时、长期与元宇宙连接，大脑电信号与元宇宙电信号之间能够无障碍交互时，以前所有通过人体器官感知的物理世界信息将可以由元宇宙直接生成，大脑将再也无法分辨出虚拟与真实。

每天迭代超强算力和算法的元宇宙AI云，在海量数据每分每秒的永续训练之下，其智能程度远超人脑已是不太遥远、毫无悬念的事情。人脑会被元宇宙AI接管并重塑吗？

这时的元宇宙，还是人类主导的元宇宙吗？人类是否只是元宇宙的一个计算单元？物理世界与虚拟世界的区分还有意义吗？也许，人类会进化成基于元宇宙的超级物种，形成新的元宇宙主导与进化共识……

二、元宇宙无限游戏的无限正和机遇

首先，我们需要为游戏正名。在保守者看来，游戏是互联网时代的"数字毒品"，让年轻人沉迷其中无法自拔。在科技进步的推动者看来，游戏并非玩物丧志，而是改变世界的手段。游戏让我们用想象力创造了一个平行宇宙，打开了一个充满可能性的空间。

或许游戏才应该是我们面对世界的默认态度。"游戏化"（Gamification）的概念正在被越来越广泛地应用于商业管理与教育领域中。如何更好更快地推广一个新产品？通过游戏化的营销手段让用户更有参与感。如何让员工更为积极主动地投入工作中？通过游戏化的绩效设计让员工能更及时地看到反馈与奖励。如何让注意力难以集中的儿童更好地学习？通过游戏化的课件寓教于乐，让兴趣成为最好的老师……

正是游戏思维才带来颠覆式创新。科技领域的革命性创新往往发生在边缘，按部就班、循规蹈矩的惯性思维永远无法突破现有的框架，只有游戏思维的火花和灵感，才能够带来超越性的创新。

历史学家罗伯特·贝拉（Robert Bellah）说，没有人能够完全地生活在日常和现实之中，人总要用各种方式，哪怕是短暂地离开现实。无论是做梦、游戏、旅行、艺术、宗教，还是科学探索，都是为了能够脱离和超越现实，而达到一个彼岸的世界。

如果我们反观生物进化的历史会发现，游戏是动物界的奢侈品而非必需品，大多数低等动物不具备游戏能力，只有鸟类和哺乳动物才能表现出游戏行为。因为游戏需要超脱现实，低等动物会将100%的时间和精力用于应付生存，饥而觅食，渴而求饮，危则避之，而无暇游戏。只有鸟类和哺乳动物才有可能暂时脱离生存现实的压力，在享受游戏时光中学习技能或交往沟通。游戏是自然和进化赋予我们的礼物。

文明起源于"玩兴的闪光"（A Flicker of Playfulness）。文明不是从人类制造工具开始的，而是从人类在工具上刻上没有实际用处的图案和符号开始的。文明的起源不是实用，而是对实用的超越。

所以，游戏永远是人性的一部分，是我们超越自然的本能，是生命力和创造力的源泉。萧伯纳说："我们不是因为变老了才停止玩乐，而是因为停止玩乐才会变老。"

纽约大学宗教历史系教授詹姆斯·卡斯（James Carse）把世界上所有的事物都归结为两种类型：有限游戏和无限游戏。有限游戏的目的在于赢得胜利，而无限游戏旨在让游戏永远进行下去；有限游戏在边界内玩，无限游戏玩的是边界；有限游戏是零和游戏，而无限游戏是非零和游戏。

在经济学中，稀缺性是价值的基础，正是因为人们需求的无限性和资源的有限性，才会产生价值。但如果大家都在有限的市场内竞争，最终就会发生"内卷"。而科技的进步可以突破"内卷"，不断扩大无限游戏。

举一个例子：一个路边的广告牌，打了一个广告就不能打另一个广告，所以它是一个零和性的有限资源。科技的进步却可以带来新的可能：如果把传统的广告牌换成液晶显示屏，就可以同时打多个广告，让多个商家同时受益。

再举一个例子：如果所有人都想拥有现实中的土地，那么总有一天地球上的土地资源会被耗尽，这是一个有限的零和游戏。但如果人们的价值追求更多地转移到线上，希望拥有互联网和元宇宙中的虚拟土地或资产，那么我们就有可能在虚拟世界中不断创造出新的价值空间，让有限游戏变为无限游戏。

经济发展的历史，其实就是广义上的"虚拟"价值空间不断扩大的过程。人类经济行为曾经大多来自农业生产，继而来自工业生产、金融服务、信息技术产业……"实体"的比例越来越低，而"虚拟"的比例越来越高。当原有的市场饱和与经济活动发生"内卷"时，科技发展便会带来新的经济活动和价值。我们今天经济体量中大多数的经济行为，在100年前都不存在；今天我们从事最多的前10类工作中，大部分在100年前也不存在。科技的创新可以不断将零和游戏变为非零和游戏，将有限游戏变为无限游戏。当新的非零和游戏和无限游戏再次变为零和游戏和有限游戏时，便是下一次科技革命到来的时机。

所以，互联网和元宇宙的真正意义在于其能够突破原有的"内卷"，带来新的非零和游戏和无限游戏，创造可以不断延展的价值空间和美好的正和机遇。

三、国内外名家眼中的元宇宙

尼尔·斯蒂芬森（Neal Stephenson） 科幻作家、《雪崩》作者

"只要戴上耳机和目镜，找到一个终端，就可以通过连接进入由计算机模拟的另一个三维现实，每个人都可以在这个与真实世界平行的虚拟空间中拥有自己的分身（Avatar）。在这个虚拟世界中，现实世界的所有事物都被数字化复制，人们可以在虚拟世界中做任何现实生活中的事情，比如逛街、吃饭、发虚拟朋友圈。此外，人们还可以完成真实世界里不能实现的野心，比如瞬时移动。"

马克·扎克伯格（Mark Zuckerberg） Facebook 创始人兼首席执行官

"元宇宙是跨越许多公司甚至整个科技行业的愿景，你可以把它看作移动互联网的继任者。元宇宙将带来巨大的机会，包括对于创作者和艺术家，对于想在远离城市中心的地方工作和拥有住房的人，对于居住在教育和娱乐机会匮乏的地方的人，元宇宙

第一篇 众说纷纭

里的应用可以是 3D 的，但也不一定是 3D 的。一个成为现实的元宇宙是仅次于'瞬间转移'装置的次佳选择。

我希望在未来五年左右，让 Facebook 公司成功转型为一家元宇宙公司。"

马修·鲍尔（Matthew Ball） 风险投资家

"Metaverse 应具有以下六个特征：永续性、实时性、无准入限制、经济功能、可连接性、可创造性。Metaverse 不等同于'虚拟空间''虚拟经济'，或仅仅是一种游戏抑或 UGC（用户原创内容）平台。在元宇宙里将有一个始终在线的实时世界，有无限量的人们可以同时参与其中。它将有完整运行的经济、跨越实体和数字世界。"

朱嘉明 经济学家、数字资产研究院学术与技术委员会主席

"'元宇宙'为人类社会实现最终数字化转型提供了新的路径，并与'后人类社会'发生全方位的交集，展现了一个可以与

大航海时代、工业革命时代、宇航时代具有同样历史意义的新时代。

当人类将自己的价值观念、人文思想、技术工具、经

济模式和'宇宙'认知结合在一起的时候，被赋予特定理念的'宇宙'就成了'元宇宙'。从这个意义来说，'元宇宙'经历了三个基本历史阶段。

当今，要认知'元宇宙'的真谛，需要参透陆九渊和王阳明的深邃思想。"

大卫·巴斯祖奇（David Baszucki） Roblox 公司创始人

"元宇宙是科幻作家和未来主义者构想了超过 30 年的事情。现在，拥有强大算力的设备进一步普及，网络带宽进一步提升，实现元宇宙的时机已经趋于成熟。

元宇宙真正的创造者是所有人，它具备身份、朋友、沉浸感、低延迟、多元化、随地、经济系统和文明等八个特点。"

谢尔盖·布林（Sergey Brin） Google 联合创始人

"元宇宙是未来几年一定会发生的事情，这本小说（《雪崩》）预见了即将发生的事情。"

蒂姆·斯威尼（Tim Sweeney） Epic 首席执行官

"元宇宙作为一种未来媒介，能够成为比现存的任何封闭系统都更高效的引擎，推动经济效率提升。

没有人确切地知道元宇宙到底是什么样。人们对元宇宙进行了很多虚构的描述，但这些描述只涉及元宇宙的某个方面，其中大部分描述甚至在社交网络还没有诞生之前就存在了，所以很多都只能算是即兴创作和猜测。

元宇宙和完全由一家公司管理的人工智能产品不同。比如，Facebook 就是人工智能产品，Facebook 所有的利润都来自广告。用户创建一个 Facebook 主页，Facebook 可以通过你的主页广告赚取数百万美元，但你一分钱都拿不到。

（元宇宙中）最终我们将达到一种状态，那就是创作者获得的分成比例远远高于平台'抽水'。而且非创作者获取的利润，必须通过竞争机制来分配，确保其成本和利润与他们所提供的服务相匹配。

元宇宙将比其他任何东西都更普遍和强大。如果一个公司控制了元宇宙，它将变得非常强大，成为地球上的神。"

马化腾　腾讯董事会主席兼首席执行官

"一个令人兴奋的机会正在到来，移动互联网经历了十年发展，即将迎来下一波升级，我们称之为'全真互联网'。虚拟世界与真实世界的大门已经打开，无论是从虚到实，还是由实入虚，都在致力于帮助用户实现更真实的体验。

未来，我们将在高工业化游戏、Metaverse 等领域加大投入。"

黄仁勋　英伟达创始人

"科幻小说中的元宇宙已经近了，我相信我们正处在元宇宙的风口浪尖上。

正如你们所知道的，元宇宙是一个连接到我们所生活的世界、由多人共享的虚拟世界。它有真实的设计和经济环境，你有一个真实的头像，既可以是真人，也可以是一个角色。

我们将会看到这个在物理世界之上的叠加层。你可以看到这个虚拟世界就在眼前，光线充足，并且它就属于你。"

肖风　万向区块链董事长兼总经理

元宇宙不是下一代互联网,而是下一代网络——数字网络。元宇宙是人类社会数字文明形态的核心和基础,是利益相关者的经济体,主要是由创作者经济驱动的。"数字化迁徙的运动正在网络世界、虚拟空间里建立一个数字化新世界——元宇宙,这个新世界可能蕴藏着比物理世界更大的财富宝藏。互联网、区块链、虚拟现实、增强现实、人工智能等新技术都是人类驶向数字世界的帆船。随着物联网的兴起,物理地球上的每一件物体或者绝大部分物体,在元宇宙中也会有对应的身份。物理地球上面的商务活动、社交活动、政务活动在元宇宙中也有对应。我们一定要争做元宇宙的新移民,千万不要做物理世界的旧遗民。"

Netflix 在 2019 年发布的股东信中表示

"我们更可能输给 Fortnite 而不是 HBO。"这个流媒体平台领先者认为,以游戏为基础的社交平台所产生的媒体内容,将是一场针对传统视频的降维打击。

提拉克·曼达迪（Tilak Mandadi） 迪士尼乐园体验和产品（DPEP）数字与全球首席执行官、执行副总裁

"现在，我们讲故事的方式正逐渐变得个性化和社会化，这是通过我们称为'主题乐园元宇宙'的概念来实现的。一切都始于一个联网的乐园，游客可以使用联网设备，如可穿戴设备、电话和其他互动数字接入点，与周边物理环境进行互动。当乐园加上计算机视觉、自然语言理解、增强现实、人工智能和物联网等技术时，就可以将物理环境与数字世界无缝结合，创造出特殊的新体验。

……在未来几年里，我们的游客将在乐园内外体验'元宇宙'——从《星球大战：银河星际巡洋舰》开始，然后会有即将亮相的新项目。但是，即便乐园应用了这些新技术，游客也可能不易察觉到。我们让故事栩栩如生，而背后的技术通常是不可见的。"

乔·拉多夫（Jon Radoff） Beamable 公司创始人

提出"元宇宙"价值链，包括人们寻求的体验和能够实现这种体验的科技。价值链包括七个层面：体验（Experience）、发现（Discovery）、创作者经济（Creator Economy）、空间计算（Spatial Computing）、去中心化（Decentralization）、人机交互（Human Interface）、基础设施（Infrastructure）。

蔡浩宇　米哈游总裁

"希望未来 10 到 30 年内，能够做出像《黑客帝国》《头号玩家》等电影中那样的虚拟世界，并能够让全球十亿人生活在其中。"

吴显昆　rct studio 联合创始人（A 轮完成千万美元级融资）

"吸引用户进入 Metaverse 的一个关键就在于人们在虚拟世界中要有东西可以去消费，只有用户在这个世界中可持续停留才更具实质性意义。从另外一方面来讲，Metaverse 的关键不在于用什么界面、搭建的模型是否足够真实，这些都只是一种创作手段。"

皮尔斯·基科斯（Piers Kicks）　数字资产市场调研公司 Delphi Digital 合伙人

"一个持久的、活生生的数字世界，它为人们提供了一种存在感、社交呈现和共享的意识空间，以及参与具有深远社会影响的庞大虚拟经济的能力。"

王澍敏　亦联资本管理合伙人

"元宇宙是物理世界在虚拟世界数据化的复刻和升级……如果进行硬性教育，受众始终很窄，收费也会更高，但在沙盒里做教育，是一个非常巨大的市场，因为虚拟世界里很多东西跟现实世界是互通的，它的 UGC 模式能够让用户更好地去了解编程，用户群体也会自然地产生去做编程的倾向性，这是可持续的领域。"

马文彦　前中投公司董事总经理、美国 CloudTree Ventures 风险基金创始合伙人

"可以把'元宇宙'看作一个更具沉浸感、参与感、社交感的娱乐媒体。传统的广告依然是变现方式，但是用户在虚拟世界中的消费可能会是更重要的变现渠道。

……受 AR/VR、全身追踪、全身传感等交互技术的限制，目前这个行业还处于技术积累期。比如电竞游戏沉浸感、稳定性还有待提高，需要寄望于未来 5G 和 XR 的发展；区块链技术的提升，会帮助建设去中心化的元宇宙。"

李腾跃　华为消费者业务 AR/VR 产品线总裁

"在未来元宇宙里,AR/VR 将结合 5G、AI 为产业带来全面升级,视频内容将实现交互、服务及体验升级,消费级的 AR/VR 终端设备的舒适度也将大幅提升,满足消费者长时间舒适佩戴的诉求,VR 将真正走入人们的日常生活。"

阿里·格兰特(Ari Grant)　Facebook Reality Labs Experiences 产品总监

"元宇宙是一个给用户带来全新记忆的行为式社交网络,而非分享式社交网络。现在的社交网络是做不到的。我相信社交的下一个趋势是和对你有意义的人一起进行你感兴趣的体验,并建立关系。"

杨歌　星瀚资本创始合伙人

"起初,很多年轻人以为这是游戏,后来人们又认为它是一个综合化数字城市、综合化数字场景和宇宙。元宇宙是一个新的流量环境,没有那么简单。"

李劼　DataMesh 商询科技创始人（累计近亿元融资）

"未来元宇宙的基盘将会对接 BIM/CAD/IoT 等数据的数字孪生系统，B 端应用将构建在这个系统之上。AR 将会是这个数字孪生系统和元宇宙的入口，也是真实世界与元世界的融合点，真实与虚拟的切换和衔接对空间映射的要求越来越高。但元宇宙单纯有技术支撑不等于能够驱动用户持续生成内容，寻找到这个点将是关键。"

范睿　傲雪睿视 VR 创始人及 CEO

"VR 技术是创建元宇宙的核心与关键，它将重构互联网生态。一个真正具有沉浸感的未来数字空间，需要无穷无尽的想象力，其浩瀚如星空，广阔如宇宙，激发着我们不断去改变和创造。"

陈序　元宇宙与未来资产研究智库 MetaZ 创始人

"元宇宙不仅是下一个的互联网，还将是人类数字文明的第一个真正的未来形态。预计 10—15 年之后，超过 80% 的文化娱乐的数字消费将在元宇宙中发生，

超过 50% 的非文化娱乐的数字消费也将转入元宇宙。到那时，我们会最终发现淘宝和微信的替代者——元宇宙的独角兽会成批地出现在世界 500 强的公司榜单中。"

刘怀洋　爻宇宙公民　悉见科技 & 本无起源创始人（累计融资近亿元）

"元宇宙时代物理、伦理、成本、生产力、生产关系、价值定义都发生了巨变。从尺度上看，狭义元宇宙可指任意精神沉浸场景，如书、角色、电影、游戏、城市；广义元宇宙则是所有现实与虚拟世界及其中的物种、物质、信息、规律、时间等互联形成的超级文明体。人人皆可创建无数个狭义元宇宙，最终构成广义元宇宙统一体。从时间上看，2030 年前 Web 2.5 '虚实共生'，现实与数字世界的互通入口，如 AR 世界地图，至关重要；2050 年前 Web 3.0 '虚实莫辨'，海量子元宇宙，如头号玩家，实现体验互联；2070 年前 Web 4.0 才是脑机与 AI+ 系统互联的真·元宇宙时代。"

第二篇
价值与机遇

什么是机遇
就是当你发现
藏在时间背后的价值时

四、元宇宙对我有何用

如果时光倒退到 1994 年，克林顿政府刚刚宣布互联网正式商用。如果那时的你知道未来 10 年、20 年全球资本市场的明星企业大部分会被这个行业垄断，互联网将全面而深刻地改变全球绝大部分人们的生活和工作方式。相信从那一刻起，你一定会痛下决心重新调整自己的时间、精力和财富投向，全力拥抱互联网的一切。

当下的元宇宙，恰如 1994 年的互联网。而元宇宙未来 30 年将带来的变化会远远超过互联网。

有了以上的类比，现在起你该以怎样的姿态和力度去拥抱元宇宙呢？元宇宙对你的用处和价值取决于未来若干年里，你希望自己处于元宇宙世界的什么位置、扮演什么角色、做出什么样的贡献、获得多大的回报？

关于未来的答案，就隐藏在历史的印记里……

	短期价值	中长期价值
生活变化	• 利用当前的AR/VR技术感受元宇宙的初级体验 • 让孩子多在沙盒游戏里训练未来元宇宙所需的编程及内容创作与运营能力 • 充分利用虚拟数字世界的特性为自己的物理世界增值	• 在衣食住行，吃喝玩乐中享受元宇宙里的沉浸式消费体验 • 元宇宙数字世界给予你的幸福指数将远高于物理世界 • 在元宇宙里，你的社交圈和生活丰富度将远大于在物理世界 • 你可以选择将物理世界里的好东西直接带人虚拟世界里，也可以将虚拟世界里的好东西下载或3D打印到现实中 • 选择居住在城市以外的劳动者能通过虚拟劳动参与城市里的"高价值"经济中
工作机遇	• 如果你正在元宇宙产业链企业里工作，那么恭喜你 • 持续思考你的事业与元宇宙的关联将使你受益 • 所有可能被AI取代的工种都可以尝试转型元宇宙	• 善用元宇宙虚拟世界的能力将极大提升你在物理世界的竞争力 • 元宇宙世界的工作机会将是物理世界的N倍 • 百废待兴的元宇宙将诞生数量多到难以想象的财富故事 • 新行业、新模式、新工种层出不穷 • 在元宇宙不同发展阶段将出现不同的产业聚焦

图 4-1 元宇宙短期及中长期价值图解

五、国内外元宇宙的建设进度与现状

我们将元宇宙的发展划分为五个阶段：起始阶段、探索阶段、基础设施大发展阶段、内容大爆炸阶段和虚实共生阶段。当前元宇宙正处于探索阶段中后期，具体特征如下：

元宇宙的未来发展，以 Roblox 为代表的企业得到资本市场的认可，以 Soul、Oculus VR 为代表的企业得到腾讯、Facebook 等的认可，以 Omniverse 为代表的企业得到老牌技术厂商 NVIDIA 的认可。

在世界范围内，从发展理念、技术进步、产品应用、体系搭建等维度来看，美国和中国是元宇宙建设最为成熟的两个国家。

元宇宙已经引起投资公司、互联网公司、游戏公司、硬件公司、技术公司和其他传统企业的关注，其中，以 Roblox、MetaApp 等为代表的游戏公司，以 Oculus 为代表的硬件公司和以以太坊为代表的技术公司是发展中的佼佼者。

随着越来越强大的终端设备（AR/VR）的制造、高带宽网络的运行、网络算力的突破，元宇宙构想将逐步成为现实。我们正迎来技术拐点，即将跨越从概念到落地的鸿沟。

AR/VR/MR、智能数据中心、5G 高速网络、IoT 等技术的持续突破，即将引爆元宇宙的全面发展。

本章将从两大方面呈现国内外元宇宙建设的进度：一是对当前具有代表性的项目进行多指标量化分析，展示其发展状况；二是对国内外元宇宙相关公司进行收集与整理，汇总成一览表以方便对照。

第二篇 价值与机遇

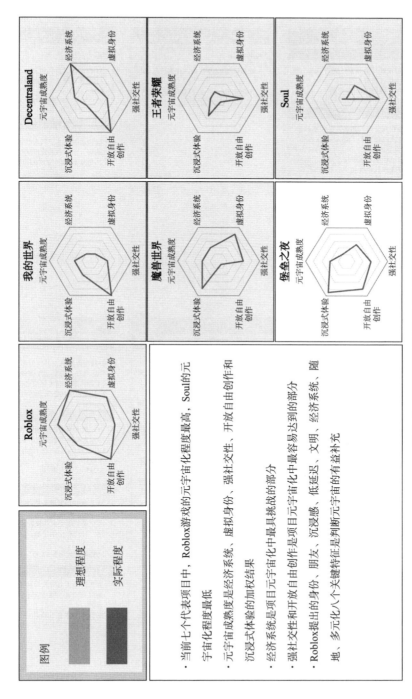

图 5-1 当前代表项目的元宇宙化程度

资料来源：国盛证券。

元宇宙通证

2015年重要事件

Riot Games
- 网络游戏开发商和发行商，知名产品包括《英雄联盟》等
- 2015年，被腾讯100%控股

Mojang Studios
- 电子游戏开发商，知名产品包括沙盒游戏《我的世界》《Scrolls》《Cobalt》《我的世界地下城》等。《我的世界》提供虚拟生物、多维度空间、工具附魔、进度成就系统和交易系统等
- 2014年，被微软以25亿美元收购

2016年重要事件

Oculus
- 虚拟设备VR制作商，代表产品如Oculus GO
- 2016年被Facebook以20亿美元收购

2017年重要事件

Lightform
- AR投影仪设备提供商，产品系列自带AR制作系统。知名产品包括LF2+、LFC、Creator
- 2017年天使轮融资500万美元

Decentraland
- 虚拟世界，基于以太坊区块链，提供购买、出售和构建区块链资产的平台
- 2017年A轮融资2 600万美元

2020年重要事件

索尼
- 虚拟现实设备和游戏提供商，知名产品如PSVR、PS5
- 2020年投资哔哩哔哩

华为
- 虚拟眼镜提供商，知名产品包括Huawei VR Glass
- 2020年，债权融资20亿美元

Vuzix
- 知名智能眼镜提供商，主要为AR领域，面向B端和C端。产品系列如Vuzix Blade USG
- 2020年完成融资1 125万美元

Xsolla
- 全球游戏支付方案提供商，可提供600多个国家80多种不同的支付方式，并拥有Life Is Feudal等产品
- 2020年投资游戏物品交易平台

Unity
- 全球广泛应用的实时内容开发平台，为游戏、汽车、建筑工程、影视动画等领域的开发者提供强大且易于上手的工具进行创作、运营和实现3D、2D VR和AR可视化体验。典型产品如Unity Pro、Unity Enterprise
- 2020年，Unity在纽交所上市

WaveVR
- 虚拟音乐会举办商，这家公司与唱片公司、经纪人公司和独立艺人合作，举办以虚拟化身为特色的虚拟音乐会。知名服务为"ONEWAVE"系列虚拟节目
- 2020年，腾讯音乐对Wave股权投资

2021年重要事件

Epic Games
- 游戏制作团队，开发的虚幻引擎3为流行游戏制作引擎，并拥有《战争机器3》《子弹风暴》和《堡垒之夜》等游戏
- 2021年完成10亿美元融资

Roblox
- 世界最大多人在线创作平台，平台支持沙盒等多类型游戏、数字内容创作、Robux和Tix虚拟货币交易、社交群组等业态
- 2021年完成上市

Together Labs
- 3D人物和场景聊天软件提供商。服务内容包括虚拟3D人物形象设计、虚拟币家具礼物或者宠物等设计。日常和伙伴互动，如握手、拥抱、亲吻等
- 2021年完成融资3 500万美元

AppLovin
- 聚焦游戏工具开发和游戏开发，提供游戏开发者的游戏获客、变现和发行业务
- 2021年完成上市融资

公司所处领域色彩分类：游戏　物联网　社交　人工智能　区块链　交互

图 5-2　2015—2021 年国内外元宇宙相关公司

第二篇　价值与机遇

2018年重要事件

Coccipital
- 专注于3D传感技术的公司，主要产品为传感器，如Structure Sensor和Canvas
- 2018年C轮融资1 200万美元

Cardano
- 公链项目，技术采取两层设计。最底层负责安全和验证，上面一层负责具体的业务计算，类似于以太坊

2019年重要事件

Niantic Labs
- 游戏应用设计公司，主要为增强现实游戏开发工具和位置发现应用。典型产品如Real-World AR Platform
- 2019年B轮融资2.45亿美元

微软
- 游戏、混合现实提供商，知名产品如Xbox、HoloLens MR
- 2019年投资AI信息服务商

Matterport
- 提供基于深度视觉的相机产品，适用3D数字化需求领域。产品拥有4K画质、8小时续航等特点，帮助用户建立室内空间3D模型，通过云服务进行标记、测量分享，实现快速的3D空间重构，典型产品如PRO2
- 2019年融资4 800万美元

Cesium
- 3D地理空间测绘平台
- 2019年完成A轮融资500万美元

N3Twork
- 移动化内容消费方向，提供网络社交平台和游戏
- 2019年完成C轮融资4 000万美元

Buildbox
- 知名游戏制作工具，提供领先游戏创意，主要产品包括buildbox3、buildbox classic等
- 2019年被AppOnboard并购

OpenAI
- 旨在提供AI功能和机器，制造"通用"机器人和使用自然语言的聊天机器人
- 2019年完成微软10亿美元融资

Genvid
- 流媒体技术提供商，向用户提供视频观看技术，让受众可从任何角度观看电子竞技比赛
- 2019年完成2 700万美元融资

2021年重要事件

Beamable
- 游戏开发服务平台，为游戏厂商提供实时游戏（Live Game）服务，典型产品如The Creator-centric Platform
- 2021年完成融资500万美元

Vungle
- App内置视频广告平台
- 2021年投资创意技术公司TreSensa

Nreal
- 混合现实科技提供商，业务方向为光学模组和整机的生产制造，产品Nreal Light
- 2021年完成B2轮融资

Skillz
- 手机游戏平台开发商，引入社交概念。为全球玩家举办休闲电子竞技比赛开发eSports Interactive Streaming Software
- 2021年以1.5亿美元收购Aarki

Rec Room
- 游戏+社交的产品提供商，免费社交系统引流，快速更新迭代留住用户，包括角色设计、社交等，知名产品如Rec Room
- 2021年完成1亿美元融资

腾讯天美工作室
- MOBA类国产手游制作商，产品王者荣耀包括成就系统、虚拟皮肤等交易系统
- 2021年投资云游戏服务商Ubitus

Ethereum
- 公共区块链平台，通过ETH提供去中心化的以太虚拟机。产品如Ethereum Wallet
- 2021年第二层解决方案Metis融资数万美元

Manticore
- 游戏工具开发商，允许用户创作并分享游戏内容，产品如Core
- 2021年完成C轮融资1亿美元

米哈游
- 知名手机游戏制作商，产品包括《崩坏学园》系列、《崩坏3》和《原神》
- 2021年投资Soul

OpenSea
- NFT OpenSea交易平台，支持使用WHALE、RARI、WETH、USDC、DAI等多种代币支付
- 2021年完成A轮融资2 300万美元

代码乾坤
- 聚焦物理引擎研发，实现现实中力和约束等物理效果拟真到场景中，实现仿真现实或近真现实的效果。可用于自然科学教研课件制作、复杂建筑设计实景模拟、科研极端环境的模拟、计算机应用、游戏等领域。知名产品如Reworld
- 2021年获得B轮融资3亿美元

任意门科技
- 社交软件提供商，在游戏中支持货币交易、虚拟角色设计、聊天社交，产品如Soul
- 2021年融资2亿美元

MetaApp
- 沙盒移动平台开发商，致力于在移动端构建全年龄的虚拟世界，让人们能够在虚拟世界中体验不同方式的工作、玩耍和娱乐
- 2021年C轮融资1亿美元

031

六、元宇宙内：万亿集群的全新机遇

为什么说元宇宙的经济规模将会是现实世界的无数倍？

要素规模无限大。土地、数据、技术、劳动力、资本这些要素在元宇宙中一方面复制现实世界，另一方面又创造出新的要素形态。比如，元宇宙内的土地不仅具有现实世界的价值属性，而且会随着元宇宙数字化的独特性进一步提升。

消费频率大幅提高。元宇宙内，产品和服务的唯一性和数字性、消费场景的独特性和虚拟性、商业模式的创新性和快速迭代性，都将刺激消费者保持较高的消费频率以满足持续被激发的多样化需求。

边际成本趋零化。元宇宙内，提供产品和服务组织的生产成本与现实世界不同，数字特征和技术特征将会推动生产边际成本接近于零，一般性经济规律在元宇宙内可能会失效。

如上所述，基于元宇宙如此庞大的经济规模，必定会诞生大量全新的业态，下面我们将尝试对一部分将会出现的新业态进行解析。

第二篇 价值与机遇

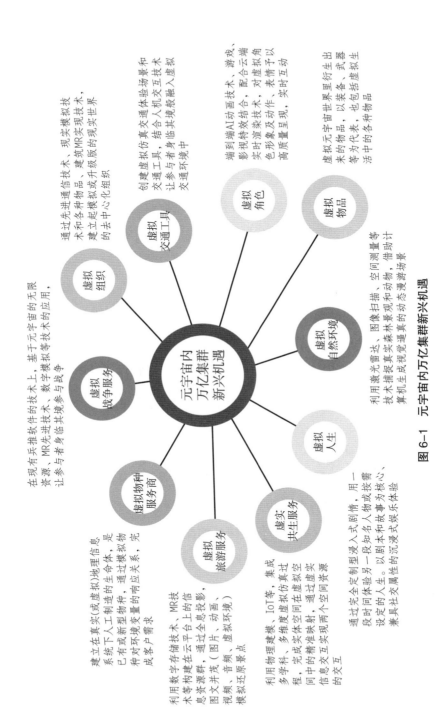

图6-1 元宇宙内万亿集群新兴机遇

七、元宇宙外：千行万业的元宇宙化

元宇宙将会赋能所有行业，激发传统行业的发展新动能，实现行业高质量发展。千行万业的元宇宙化，其中最重要的是经济体系、沉浸感、社交关系的代入。

一方面，元宇宙将会赋能现实世界的所有行业领域，基于现有商业模式进行元宇宙化创新，推动价值链和产业链升级；利用新技术、新理念创造出新的商业模式、新的客户和新的市场。例如，作为元宇宙中的关键技术之一的区块链，将构建打破原有身份区隔、数据护城河的基础设施，通过智能合约打造新的经济系统。

另一方面，现实世界的多个领域也需要通过与元宇宙发展的融合来进一步激发其发展潜力，释放新的活力。有下列特征的领域对元宇宙化的需求最为迫切：发展空间受限、企业资源可复用、现有产品和服务数字化便捷、淘汰型行业、将会被 AI 淘汰的行业、周期性行业、轻资产行业、自由职业者和残障人士从事的领域。

第二篇 价值与机遇

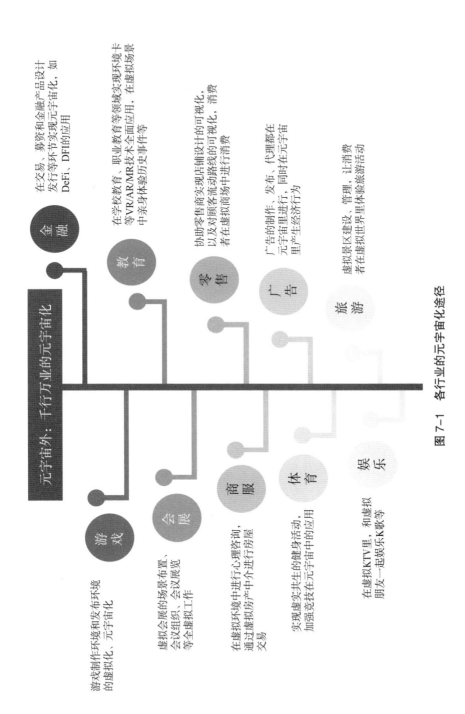

图 7-1 各行业的元宇宙化途径

一切历史都是未来史

当我们真正读懂历史

也就读懂了未来

元宇宙的未来

就藏在这些精彩历史里

八、人类科技发展史全景长图

人类科技发展史是人类认识自然、改造自然的历史，也是人类文明史的重要组成部分，科技在人类文明进程中起着至关重要的作用。制造和使用工具及技术的传承，是人类生存的模式，是被人类社会所实践的。人类自身的进化成功很大程度上是由于掌握了制造和使用工具的方法并使之传承下来。在今天，当人类的宇宙飞船可以自如地飞往太空，当智能手机成为人类必备的通信工具，当AlphaGo"三连杀"战胜围棋天才柯洁，人类正经历着一个如此漫长而伟大的科学技术发展历程。

人类科技发展史全景长图（见附后彩图）从远古科技、古代科技、近代科技和现代科技四个部分，选取了几万年以来人类在农业、工业、天文、地理、生物医药、通信等各个领域所出现的关键性人物及事件，绘制了一幅人类科技发展史的画卷。

在远古科技时代，人类主要是围绕两个中心：一个是为了生存而去获得更多的能量；另一个是在总结以往经验的基础上，不断进行有效创新，从而改变生存环境。

在古代科技时代，人类进入农耕社会，人们在满足日常衣食住行等基本生存条件后，逐步开始在农业技术、畜力使用、冶金术、建筑工程、手工业等领域投入精力去研究，以获取更多的能量，提升群体化的产出效率。

在近代科技时代，人类掌握了一整套系统有效的发展科学的方法论。科技的发展突飞猛进，形成了人类科技发展史上的第二个高峰，特别是人类历史上里程碑性的工业革命，它表现在以机器代替人力、以大规模的工业生产代替个体工场手工生产，在生产力和生产关系方面均发生了巨大的变革。随后，电机的发明和电力的应用，将人类推入"电气时代"。从蒸汽机到电动机等这些伟大的发明，使人类改造自然的能力和效率得到了飞跃性的提升。

在现代科技时代，以原子能、电子计算机、通信与互联网的发展为主要标志，以计算机技术、生物工程技术、激光技术、空间技术、新能源技术和新材料技术的应用为特征，把人类社会推进"信息时代"。包括互联网、物联网、大数据、云计算、智能化、传感技术、机器人、虚拟现实等科技的全面进步，是迄今为止人类历史上规模最大、影响最为深远的一次科技革命，具有极其广泛深刻的影响与意义。

即将到来的元宇宙时代，携BIGANT六大关键性技术，不仅是互联网的下一站继任者，更将是下一代人类社会的主要形态，人类从此进入真实世界虚拟化、虚拟世界真实化的虚实共生的全新时代！

九、IT/ICT 发展史全景长图

（一）综述

IT 是 Information Technology 的缩写，意为"信息技术"，包含现代计算机、网络、通信等信息领域技术。自 1844 年人类历史上发出了第一份电报，实现了信息的长途传输，信息技术发展的历史大幕随之拉开。信息技术的普遍应用，是进入信息社会的标志。

IT 技术最早发源于半导体，然后发展出计算机、通信网和互联网，进而演进到现在的 AI、XR、云计算、大数据、物联网、工业互联网、区块链、量子计算等。

有人说元宇宙是下一代互联网，有人说元宇宙是互联网的终极形态。

我们觉得，可能都说小了，元宇宙应该是下一代人类社会，甚至是人类社会的终极形态。

当所有物理世界都被数字化，虚拟世界又能被 3D 打印等方式转换到物理世界时，这已不再是技术的集合，而是人类和人类社会的集合。那时候可能就得站在"信息即物质、物质即信息"的角度看待 ICT（信息通信技术）产业了。

（二）IT/ICT 的发展阶段（IT/ICT 发展史全景长图见附后彩页）

1. 半导体时代 （1833—2005 年）

20 世纪是科学技术突飞猛进的 100 年，原子能、半导体、激光和电子计算机被称为"20 世纪的四大发明"，而后三者的发明彼此密切相关。半导体材料对 20 世纪的人类文明影响巨大，几乎所有我们使用的电子相关产品和计算机相关组件里都有半导体的存在。

- 1833 年，英国科学家巴拉迪最先发现硫化银的电阻随着温度的变化情况不同于一般金属。一般情况下，金属的电阻随温度升高而增加，但巴拉迪发现硫化银材料的电阻是随着温度的上升而降低的。这是人类首次发现半导体现象。
- 1844 年，塞缪尔·莫尔斯（Samuel Morse）发出了人类历史上的第一份电报，从而实现了长途电报通信。
- 1904 年，世界上第一只电子真空二极管诞生，标志着人类进入了电子时代。
- 法国人吕西安·莱维利用超外差电路制作成了第一台收音机。在 20 世纪末、21 世纪初，收音机曾风靡一时，是许多人得到外界消息的重要工具。
- 世界上第一台电视机是机械扫描式电视摄像机和接收机。电视机的出现，改变了人类的生活、信息传播和思维方式。
- 1939 年，比尔·休利特（Bill Hewlett）和戴维·帕卡德（David Packard）创办了惠普公司，第一个产品是声频振荡器。
- 1957 年，仙童半导体公司成立，开创了半导体工业。依靠技术创新优势，一举成为硅谷成长最快的公司。
- 1968—1969 年，13 家半导体公司在美国北加州创立，其中 8 家由前仙童员工创办。摩托罗拉、国家半导体、德州仪器、仙童垄断了大部分市场。
- 20 世纪 80 年代，美国半导体行业在世界范围内遭到日本的挑战。1985 年，日本在全球半导体市场的份额超过美国。
- 2005 年，张忠谋卸任台积电 CEO，只任董事长。他于 1987 年创建了台积电，彻底改变了全球半导体产业的运营模式，极大提升了半导体产业的运营效率。

2. 计算机时代（1936—2010 年）

在 IT 行业得以初步发展的时代，受硬件条件制约，机器与技术、网络连接都较为匮乏。此时 IT 行业主要以服务器和台式计算机为主。计算机体积大、造价高，主要由大型机构使用，数据传输和处理集中化耗时较长。

20 世纪 60 年代和 70 年代的大型机阶段是以 Burroughs、Univac、NCR、ControlData 和 Honeywell 等公司为首的。而 20 世纪 80 年代后，小型机便如雨后春笋般涌现出来，为首的公司包括 DEC、IBM、Data General、Wang、Prime 等。

到了 20 世纪 90 年代，IT 产业进入了微处理器或个人计算机阶段，Microsoft（微软）、Intel（英特尔）、IBM 和 Apple 等公司成为当之无愧的领军者。随着技术的进步，IT 行业迎来了软件时代。微软、金山、甲骨文等软件科技公司纷纷成立，各类软件也开始为大家的工作生活提供便利。其中普及率最高的软件就有金山词霸、Office 办公软件等，这些软件的出现标志着 IT

行业进入了又一个新的时代。2010年,苹果推出了第一代iPad,标志着桌面和笔记本电脑时代的临界点到来,随后智能手机、平板移动终端逐渐兴起。

(1)计算机理论

- 1936年,图灵发明了图灵定理,图灵也因图灵机和图灵定理,被认为是"计算机科学之父"。
- 1965年,英特尔创始人之一戈登·摩尔提出摩尔定律,准确预测了近半个世纪的集成电路发展趋势,在一定程度上揭示了信息技术进步的速度。

(2)基础器件

- 1939年10月,人类第一台电子计算机ABC(Atanasoff-Berry Computer)诞生。
- 1946年,世界上第一台"可编程"计算机ENIAC诞生,应用领域以军事和科学计算为主。这是第一台真正意义上的数字电子计算机,为以后的计算机发展奠定了基础。
- 1947年,晶体三极管诞生。
- 1957年,IBM成功开发出第一台点阵式打印机。

(3)电路设计

- 1958年,在英特尔公司创始人罗伯特·诺伊斯(Robert Noyce)的领导下,集成电路诞生。
- CPU是20世纪最重要的发明之一。1971年,英特尔推出全球第一款微处理器4004,它是现代计算机小型化的关键,被称为革命性的产物，开创了微型计算机的新时代。其应用领域从科学计算、事务管理、过程控制逐步走向家庭。1972年以后的计算机习惯上被称为第四代计算机。基于大规模集成电路及后来的超大规模集成电路，计算机功能更强，体积更小。

- 1974年，惠普生产出第一台基于4K动态随机存取器（DRAMs）的微型计算机，从而取代了磁芯。
- 1981年，IBM公司推出了IBM PC（个人计算机）。

（4）人机界面

- 1968年，贝尔实验室的里奇和汤普森成就了计算机史上最成功的操作系统——UNIX。
- 微软公司发布的DOS操作系统，是最早的个人计算机操作系统。MS-DOS 1.0和PC-DOS 1.0发布。从1981年MS-DOS 1.0发布直到1995年MS-DOS 7.1发布的15年间，DOS作为微软公司在个人计算机上使用的一个操作系统载体，推出了多个版本。DOS在IBM PC兼容机市场中占有举足轻重的地位。
- 1985年，微软公司发布了Windows操作系统1.0。
- 2010年，苹果公司发布第一代iPad，iPad既填补了苹果在智能手机到笔记本电脑之间的真空地带，又提出了一个灵活自如、可退可进的解决方案。

（5）应用软件

- 乔布斯提出"数字中枢"的概念，把数字摄像机和苹果计算机通过iMovie整合到一起，把音乐播放通过iPod与苹果计算机整合在一起，又通过iTunes把影像和音乐发行与苹果计算机和 iPod 整合在一起。
- 2000 年，eDonkey 创立，P2P 技术使音视频文件全球共享，是最早的共享经济雏形，该公司在与美国唱片工业协会的官司中败诉，成为互联网版权维权的标志性事件。
- 2003 年，Skype 创立，推出了互联网语音通话服务。

3. 通信与互联网时代（1980—2018 年）

从 20 世纪 80 年代开始，1G 正式进入生活。30 年间通信技术不断迭代，信息传达也经历了语音、文本、图片、视频、物联网的不断升级。1G 时代，即模拟通信技术，只能用来打电话。2G 时代，最大的变化是采用数字调制，发短信成为当时最时髦的交流方式。彩信、手机报、壁纸和铃声的在线下载也成了热门服务。3G 时代网速和用户容量大大促进了移动互联网的发展，触屏操控、支持安装各类应用软件的智能手机不断更新面世。4G 时代网络下载速度理论上可以达到上百兆每秒，流资费也大幅下降。高速网络让视频缓存变得不易察觉，手机端实时联网打游戏的人数首次超过电脑端，移动支付迅速普及渗透。5G 时代的毫秒级延迟还将解决机器之间的无线通信，如果说 1G 实现了人与人之间的联系，5G 则将实现万物之间的连接。人和人的沟通将更高效，医疗、文化、科技等领域的信息传递也会变得眨眼即到。

从 20 世纪 90 年代中期开始，IT 产业进入了网络化阶段。如今，全球在线的人数已经超过了 10 亿，IT 行业在进入 2000 年之后，发展速度也因为互联网的加入而有了质的飞跃。PC 成为计算机主体，硬件的微型化和低成本化使得 PC 逐渐普及，用户和软件数量快速增长，数据量大幅提升；出现更高效的分布式运算平台，即 PC 间通过开放的互联网实现共享和协作，使得数据的获取、存储、计算实现去集中化。

Facebook、Twitter、网易、腾讯等知名互联网公司顺利赶上了这股东风，这个时期的 IT 行业主要以提供基础信息服务与增值服务为主。随着经济发展，大众对于信息的需求也不断增长，可以说 IT 行业的这个阶段的发展是与消费者需求相辅相成的，各类互联网公司为用户提供大量信息，并通过提供增值服务的方式来获利。

- 1980 年，应用最普遍的局域网技术——以太网出现。
- 1990 年，蒂姆·伯纳斯·李上线了人类历史上第一款浏览器"万维网"（World Wide Web）。
- 1993 年，美国总统克林顿宣布正式实施"国家信息基础设施行动计划"（NII），这一宏大计划的展开，使互联网受到全世界的热切关注。
- 2004 年，马克·扎克伯格和爱德华多·萨维林创立了脸书（Facebook）。

移动互联时代，是距离我们最近的时代，大家在日常生活中就可以感受到移动互联网为生活带来的便利。智能移动设备的出现使得网络用户数量和上网时间大幅提升，获取和产生信息的端点数量和交互频率大幅增加，连网的空间场景变化多样，由此衍生出丰富多样的应用程序，渗透到人们生活的方方面面，产生的数据量也以几何级数快速增长。与大数据相适应的云计算应运而生，形成以数据中心为基础设施平台的 IaaS、PaaS、SaaS 三层云计算架构。

- 1G 是第一代移动通信系统。那是一个属于"大哥大"的时代。1980 年"大哥大"开始适合民用。1987 年，摩托罗拉 3200 进入中国大陆。
- 1991 年，在 GSM 标准的基础上，推出了全球首个 2G 网络。从此手机也可以上网了，第一款支持 WAP 的手机是诺基亚 7110，不过人们只能浏览一些文本信息。
- 2000 年，国际电信联盟正式公布第三代移动通信标准（3G），中国的 TD-SCDMA、欧洲的 WCDMA、美国的 CDMA2000，成为 3G 时代最主流的三大技术。
- 2008 年，苹果推出 iPhone3G，开启智能手机新时代。
- 2011 年，阿里云官网上线，开始大规模对外提供云计算服务。
- 2011 年，腾讯公司推出微信 App。
- 2013 年，以太坊创始人 Vitalik Buterin（V 神）发布了以太坊初版白皮书，在全球的密码学货币社区陆续召集到一批认可以太坊理念的开发者。
- 2013 年，第四代移动通信系统（4G）出现，显著提升了通信速度，通信技术更加智能化，满足了视频播放、网上购物等新服务的技术需求。
- 2018 年，5G 第一个国际标准（Release-15）制定完成。

4. ABCD 大时代（2011—2020 年）

A：AI（Artificial Intelligence），人工智能；B：Blockchain，区块链；C：Cloud Serving，云服务；D：Big Data 大数据。这一阶段的重点是网络化、智能化，更加关注数据和信息内容本身。不仅重视信息技术本身的创新进步和商业模式的创新，而且强调将信息技术渗透融合到社会和经济发展的各个行业，推动其他产业的技术进步和产业发展。"万物互联"的发展趋势影响了 IT 行业的发展，字节跳动、滴滴出行等互联网公司正是利用超高的移动手机普及率来实现增值盈利。云计算成为实现多渠道网络连接的有力支撑。实现人、物、应用的无线连接，使智能化全面渗透。物联网进一步扩大连接范围，并把智能化渗透到生活的每一个实物当中。全互联开始局部萌芽，在未来相当长的一段时间内都是 IT 产业发展的主题。

- 2005 年 11 月 17 日，在突尼斯举行的信息社会世界峰会（WSIS）上，国际电信联盟（ITU）发布了《ITU 互联网报告 2005：物联网》，正式提出了"物联网"的概念。
- 2009 年 2 月 24 日消息，IBM 大中华区首席执行官钱大群在 2009 IBM 论坛上公布了"智慧的地球"的最新策略。
- 2011 年，阿里云官网上线，开始大规模对外提供云计算服务。云计算是基于互联网应用的相关服务，使用的通常是虚拟化的资源。
- 2012 年，谷歌公司发布"拓展现实"眼镜——谷歌眼镜（Google Project Glass），它具有和智能手机一样的功能，可以通过声音控制拍照、视频通话、辨明方向、上网冲浪、处理文字信息和电子邮件等。
- 2013 年，以太坊白皮书发布，宣告全球以太坊项目启动。
- 马斯克在 2015 年宣布 SpaceX 计划将约 1.2 万颗通信卫星发射到轨道，其中 1 584 颗将部署在地球上空 550 千米处的近地轨道，2020 年开始工作。这一项目被命名为"星链"（Starlink）。
- 2016 年，谷歌公司的 AlphaGo 打败全球顶尖围棋选手，AlphaGo Zero 以 100∶0 击败 AlphaGo。

- 2020 年，史上最大的人工智能算法模型 GPT-3 问世。

5. 元宇宙时代（2021 年—未来）

进入 2021 年后，元宇宙概念成为全球资本市场新热点。Facebook 在 VR 领域不断投入，马克·扎克伯格认为当 VR 的活跃用户达到 1 000 万时，VR 生态才能迎来爆发奇点；苹果收购了 NextVR Inc.，以增强其在娱乐和体育领域的 VR 实力；Google 在 VR 方面的布局重点在软件和服务上，如 YouTube VR；米哈游资助瑞金医院研究脑机接口技术的开发和临床应用。构筑元宇宙的技术赛道归纳为"BAND"，即区块链（Blockchain）、游戏（Game）、网络算力（Network）和展示方式（Display），分别从价值交互、内容承载、数据网络传输及沉浸式展示融合四个方面构建元宇宙。我们之所以在当前关注元宇宙方向，是因为"BAND"四大赛道近年来均发生了边际变化，目前都在从技术的供需层面逐步支撑元宇宙的降临。元宇宙的出现可能改变人类社会对于"自身存在"的主流认知，向虚拟时空的跃迁是信息技术和人类文明发展的必然趋势。

- 第一个元宇宙概念股 Roblox 于 2021 年 3 月 11 日在纽交所上市。作为第一个将 Metaverse 写进招股说明书的公司，Roblox 用全新的叙事方式与独特的商业模式引爆了科技投资圈，股价持续创下新高。
- 2021 年，英伟达在全球商品交易中心（GTC）大会上宣布，将推出面向企业的实时仿真和协作平台 Omniverse——一个被称为"工程师的元宇宙"的虚拟工作平台。
- MetaApp 宣布完成 1 亿美元的 C 轮融资。

十、互联网发展史全景长图

（一）综述

互联网诞生 50 余年，早已全面渗透到政治、经济、社会、文化、军事等各个领域，极大地加速了劳动力、资本等要素和各类信息的流动和共享，对人类的生活方式、工作方式、社会运转方式产生了巨大且深远的影响，使人类的沟通、协作、探索新领域的效能得到极大的提升。

对互联网发展阶段的划分，见仁见智，这里将其划分为四大阶段：基础设施建设时期、PC 互联网时期、移动互联网时期、元宇宙时期。

元宇宙的发展，从技术层面来讲，相当于互联网基础设施建设阶段的前期，一系列新的协议标准正百废待兴；从商业层面来讲，相当于互联网发展的 1993—1994 年，正值美国宣布互联网商业化的大拐点，将迎来创业者、投资人的大举涌入。

（二）互联网的发展阶段（互联网发展史全景长图见附后彩页）

1. 第一阶段：基础设施建设时期（1969—1993 年）

互联网的基础设施建设时期起初由政府出资，主要面向军事研究，网络规模和用户规模小，数据传输速率低。从 20 世纪 70

年代末开始,即使当时的互联网还没有商业可行性,但却实现了令人难以置信的增长速度。后来,1G、2G、3G、4G、5G等一系列通信网络的发展,TCP/IP、HTML、MIME、WWW等一系列协议、标准、产品的创建,才为互联网的迅速普及真正扫清了障碍。

- 互联网的发展起源于20世纪50年代的美国,当时正值"冷战"的高峰期,苏联在科学上的优越性使美国于1958年成立了高级研究计划局(ARPA)。该研究计划局被委托建立一个安全的网络连接中心,用于军事研究,这样即使一些中心被摧毁,通信也能保持完整。这一战略需求推动了分布式网络的发展,在这种情况下,即使缺少一个或多个部分,连接也能继续工作。1969年,美军在ARPA的协定下将四所不同大学的主要计算机相连,ARPANET由此建立,这也成了现代计算机网络诞生的标志。
- 1974年,一种重要的互联网协议也应运而生,至今仍在使用,叫作TCP/IP。它允许互联网之间端到端的连接,定义了全世界的计算机之间通信、传输数据的规则。
- 电子邮件和BBS的诞生,使得之后互联网在人们的日常生活中变得根深蒂固。
- 思科通过对带宽和路由器的创新,让Network变成了Internet。
- 蒂姆·伯纳斯·李在20世纪90年代开启了互联网时代,在互联网普及的早期,大多数人想到互联网的时候首先想到的就是蒂姆·伯纳斯·李创造的万维网。
- 蒂姆·伯纳斯·李要实现的是所有PC之间的数据联通,并且要让人人都可以参与。这个时期出现了很多我们熟知的公司，这其中就有以浏览器创造历史的网景。网景实际上发布的是一款可以实现文字和图片预览的浏览器。虽然那个时代的网速让人无比绝望，但是人们可以看到很多从未见过的事物本身就具有无穷的潜力，而且可以亲身参与其中。

- 互联网时代伊始，所有的视线都被聚焦在这个叫作浏览器的工具上，所有激进的想法都出现在了浏览器的实现上，这其中就有我们熟知的 CSS 和 JavaScript。

2. 第二阶段：PC 互联网时期（1994—2010 年）

互联网技术社会化启用阶段始于 1994 年。1994 年，美国克林顿政府允许商业资本介入互联网建设与运营，互联网得以走出实验室进入面向社会的商用时期，开始向各行业渗透。这也是我国互联网发展的起步阶段。1994 年 4 月，中关村地区教育与科研示范网络工程进入互联网，这标志着我国正式成为有互联网的国家。之后，ChinaNet 等多个互联网络项目在全国范围相继启动，互联网开始进入公众生活，并在我国得到迅速发展。

在有了基础建设的普及后，越来越多的人需要上网，于是 PC 终端被大量普及。此时，互联网的主要作用为连接人与人，以及获取资讯。Web 2.0 更注重用户的交互作用，用户既是网站内容的浏览者，也是网站内容的制造者。

（1）PC 门户阶段（1997—2002 年）

- PC 信息互联网的到来是以雅虎的出现为标志的，雅虎的模式也就是传统的门户模式，1997—2002 年的互联网主要还是被人们用于获取新闻信息及便捷地联系世界各地的朋友或者客户。在那之前人们主要是从报纸、广播及电视上获取信息，而这些传统的媒介一直都有先天的缺陷，致使信息传播的速度和广度都大打折扣。与此同时，经济高速发展，人们对信息的需求陡增，传统的媒体再也无法满足人们日益增长的信息需求。这时候雅虎应运而生。

- 在中国当时也出现了几家效仿雅虎的门户网站，也就是如今为人所熟知的新浪和搜狐。

（2）PC 搜索阶段（2002—2007 年）

- 谷歌所代表的时代正是 PC 搜索的时代。以谷歌为代表的搜索引擎模式在一定程度上解决了信息获取问题，搜索时代主要介于 2002 年至 2007 年，在这五年里，谷歌超越雅虎成为世界上最大的互联网公司。

- 在搜索阶段中国对应的代表则是百度，百度自上线以来凭着本地化的运营占领了中国近 80% 的市场份额，并一举成为全球最大的中文搜索引擎。

（3）PC 电商与社交阶段（2003—2010 年）

- 在生活化的互联网时代，电子商务巨头亚马逊和阿里巴巴是两颗耀眼的明星，而 Facebook、Twitter、YouTube、Groupon 则是另外几个为人所熟知的代表。

- 生活互联网的革命性就在于，它一方面彻底颠覆了信息的传播方式，使之更为人性化，另一方面又为人的生活提供各种各样的便捷。首先 Facebook 和 Twitter 让媒体向社会化转型，使每个人都可以成为一个电台、一个媒体，人们在圈子里相互分享推荐有价值和意义的新闻，而不必纠结于搜索引擎庞大的信息海洋。

- 同时人们也能足不出户就享受到电子商务所带来的便捷，甚至能以超低的价格购买到此前梦寐以求的商品，而这是门户网站所无法给予的，也是搜索引擎所不能提供的。中国这个时期涌现的互联网服务代表有：淘宝网、支付宝、58同城等。

3. 第三阶段：移动互联网时期（2007—2017年）

移动互联网改变了互联网发展路径，手机取代PC正如移动电话取代固定电话。在以iOS和Android为代表的智能手机操作系统诞生前，互联网的发展一直受制于PC的渗透率，移动互联网时代可以分为两个阶段：2007年前和2007年后。2007年以前是通信技术相对落后的年代，随着通信技术的进步，网速和带宽问题的解决为2007年后的大时代提供了无限可能。2008年后，移动宽带接入开始加速增长，2011年智能手机销量超越PC销量，达4.7亿部。

（1）移动社交阶段（2007—2011年）

- 2007年，重回苹果公司掌权的乔布斯发布了第一代iPhone，标志着移动互联网时代的开启。iPhone带来了更加友好的浏览界面、更加快速的网络体验以及多种多样的移动应用软件。应用多元化阶段到来，互联网逐步走向繁荣。
- 开心网、人人网等社交网络服务（SNS, Social Networking Service）网站迅速传播，SNS网站成为2008年的热门互联网应用之一。

- 微博的上线终结了博客的市场主导时代，改变了信息传播的方式。微博作为继门户网站、搜索引擎之后的互联网新入口，实现了信息的即时分享，吸引了社会名人、娱乐明星、企业机构和普通网民加入，成为2009年的热点互联网应用。
- 2010年，苹果公司发布了第四代手机iPhone 4，这是结合照相手机、个人数码助理、媒体播放器以及无线通信设备的掌上设备。
- 我国工业和信息化部数据显示，截至2011年年底，我国3G用户达到1.28亿户，全年净增8 137万户，3G基站总数81.4万个。此外，三大电信运营商加速了宽带无线化应用技术（WLAN）的建设，截至2011年年底，全国部署的无线接入点（无线AP）设备已经超过300万台。3G和Wi-Fi的普遍覆盖和应用，推动中国移动互联网进入快速发展阶段。
- 2011年，中国互联网大企业纷纷宣布开放平台战略，改变了企业间原有的产业运营模式与竞争格局，竞争格局正向竞合转变。2011年4月12日，百度应用平台正式全面开放；6月15日，腾讯宣布开放八大平台；7月28日，新浪微博开放平台正式上线；9月19日，阿里巴巴旗下淘宝网宣布开放平台战略。
- 2011年，微信上线，并开启病毒式传播使用。
- 2011年，第一代小米手机发布，开启手机B2C互联网直销时代。

（2）"互联网+"阶段（2012—2017年）

- 随着科学技术的发展，"互联网+"阶段也悄然拉开序幕，利用信息和互联网平台，使得互联网与传统行业进行融合，利用互联网具备的优势特点，创造新的发展机会。
- 天猫商城、喜马拉雅、今日头条、有赞、猿辅导、每日优鲜、陆金所、拼多多、得到等多领域名企应运而生，互联网再次深入人们生活的方方面面。
- 2013年，第四代移动通信系统（4G）出现，促使2014年成为中国移动互联网的元年，以视频直播及短视频为主的移动应用大规模涌现。

4. 第四阶段：元宇宙时期（2018—）

移动互联网时代的热潮尚未退去，物联网、产业互联网、区块链、元宇宙一浪高过一浪的大潮就迫不及待地掀起。人类过去所有时代的数据总和，都比不上互联网时代产生的数据体量，信息的爆炸性增长催生了很多与之息息相关的技术，如大数据、云计算、区块链、人工智能等。而随着 BIGANT［B（区块链）、I（交互）、G（游戏）、A（人工智能）、N（网络）、T（物联网）］这六大技术领域的快速发展，虚拟世界和真实世界共生的元宇宙大门已经打开。从其革命性来讲，元宇宙甚至都不应仅被当作下一代互联网，而应当是下一代人类社会。

（1）物联网 & 工业互联网 & 产业互联网发展阶段（2005—）

- 2005年，国际电信联盟发布了《ITU互联网报告2005：物联网》，正式提出了"物联网"的概念。
- 2008年9月，谷歌推出 Google Chrome，以谷歌应用程序为代表的基于浏览器的应用软件发布，将浏览器融入了云计算时代。
- 2011年，苹果公司发布了 iCloud，让人们可以随时随地地存储和共享内容。
- 2018年，5G第一阶段的国际标准 Release 15 制定完成。

- 大数据是为了实现用户信息利益最大化，微信、支付宝、今日头条、滴滴出行等App已经应用大数据技术，精准记录用户行为，分析用户偏好，利用数据将交互行为优化得更加高效。
- "工业互联网"的概念最早由通用电气公司于2012年提出，随后美国五家行业龙头企业联手组建了美国工业互联网联盟（IIC），将这一概念大力推广开来。2020年工业互联网与5G结合，走向实践深耕阶段。
- 2021年4月，华为技术有限公司提出全屋智能理念，并发布系统级产品。以华为全屋智能主机为中央控制系统，具备稳定可靠的PLC全屋网络，高速全覆盖的全屋Wi-Fi，支持丰富的可拓展的鸿蒙生态配套，对全屋环境、用户行为及系统设备等进行分布式信息管理和智能决策，给用户带来沉浸式、个性化、可成长的全场景智慧体验，从顶层架构设计上带动物联网模块加速成长。随着物联网的持续渗透，智能家居、智能驾驶、智慧城市、智慧商业等应用场景不断拓展，万物互联或许会在不久的将来成为现实。

（2）区块链发展阶段（2008—）

- 2008年，比特币概念的白皮书发布，开启了虚拟货币的时代。
- 2013年，以太坊白皮书发布，开启分布式计算和智能合约的时代。
- 区块链技术的应用场景不断铺开，从金融、产品溯源、政务民生、电子存证到数字身份与供应链协同，场景的深入和多元化不断加深。但区块链的应用仍然处于初级阶段，各类应用模式仍在发展中。

（3）元宇宙发展阶段（2021—）

- 世界上最大的多人在线创作沙盒游戏平台Roblox在纽约证券交易所上市，市值一度超500亿美元，被称为元宇宙概念股。2021年也因此被称为元宇宙元年。
- BIGANT这六大技术领域已相继进入拐点期，正在迎来一系列重大突破和创新，元宇宙大发展的时期即将开启。

十一、区块链发展史全景长图

作为元宇宙最重要的基础设施,区块链提供了元宇宙去中心化所必需的基础架构以及元宇宙经济系统所必需的通证体系。

区块链发展史全景长图(见附后彩图)列出了自 2008 年年底中本聪发布比特币白皮书之后,区块链发展过程中的大事件。长图基本涵盖了区块链生态中的关键技术与应用节点,全球与中国排名靠前的交易所、投资基金、矿场、矿机厂商,全球募资额前五的项目,在行业应用方面具有影响力的项目,以及全球政府对于数字货币和区块链技术监管方面的重要政策,等等。

尽管区块链的概念是在 2009 年之后才被正式提出的,但是区块链的出现离不开前面几十年科学界在密码学、分布式网络及支付、货币等领域的研究。

区块链可按网络范围、部署环境、对接类型、应用范围这四种方式进行分类。

从区块链的技术和思想的应用发展阶段来看,可以分为五个阶段:去中心化账本、去中心化计算平台(含智能合约、DApp)、去中心化金融(DeFi)、非同质化通证(NFT)、元宇宙的基础设施。

第三篇　一切历史都是未来史

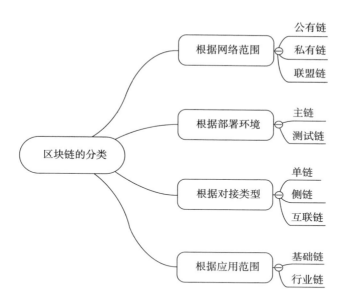

图 11-1　区块链的分类

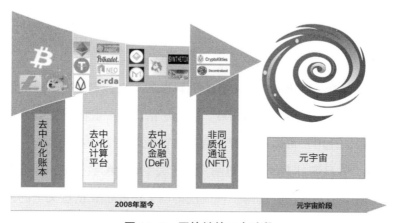

图 11-2　区块链的五个阶段

以下分别对五个阶段进行描述：

（一）第一阶段：去中心化账本（以比特币为代表）

2008 年，中本聪发表了著名的论文《比特币：一种点对点的电子现金系统》，其中提到了比特币的核心技术，包括非对称加密、点对点传输、哈希现金算法机制。最重要的是比特币提出了一套有效的经济激励模型，为后来通证经济的发展奠定了思想基础。综观比特币在全球的产业发展，我们首先将整个比特币产业划分为上、中、下游。上游就是比特币的生产，围绕着比特币的挖矿开展业务的企业，大部分属于比特币的上游，如矿机的生产、矿场的建设、矿池的运营；比特币交易属于中游；比特币的应用和存储属于下游。受比特币的启发，后来又涌现了一批诸如莱特币、狗狗币的改进版数字货币。

（二）第二阶段：去中心化计算平台（含智能合约、DApp）

以太坊对区块链的发展具有创新性的意义，它使得区块链的应用不只局限于数字货币领域。以太坊给出了一套图灵完备的编程语言，让用户可以通过智能合约自由地开发去中心化 App——DApp，并且通过 PoS 共识机制实现了去中心化的数据库，让数据真正属于用户自己。这两个特征使得以太坊成了真正意义上的去中心化计算平台。以太坊历史上经历了以下三个主要时期。

1. 网络启动前（2013 年—2015 年 7 月）

2013 年 12 月，Vitalik Buterin 发布了以太坊初版白皮书，首次将以太坊作为"世界计算机"概念提出。2014 年，Gavin

Wood 在黄皮书中对以太坊的第一个功能实现进行了编码,并详细介绍了协议的技术细节,包括以太坊虚拟机(EVM)和智能合约编程语言 Solidity。在 2015 年 7 月网络启动时,根据 2014 年 7—8 月进行的首次众筹中筹集的价值 1 830 万美元的比特币,创建并分配了 7 200 万以太币(ETH)。

2. DAO 黑客攻击(2016 年 7 月)

2016 年 4 月 30 日,区块链和物联网(IoT)解决方案公司 Slock.it 宣布在以太坊上推出"The DAO"。DAO 的定位是去中心化风险投资基金,在 28 天的众筹窗口期内筹集了超过 1 亿美元。2016 年 6 月 17 日,一位匿名黑客利用构建 DAO 的智能合约代码中的错误,从隔离的钱包地址中提取了约 6 000 万美元的 ETH。鉴于无法追回被盗资金,数字货币社区决定于 2016 年 7 月 20 日进行一次硬分叉,形成了以太坊和以太坊经典网络共存的生态。

3. 以太坊功能迭代阶段

第 1 阶段:Frontier。2015 年 7 月 30 日,以太坊网络成立,使用户能够挖掘 ETH 并测试基本功能。

第 2 阶段:Homestead。2016 年 3 月 14 日,更新了 Solidity 并增加了几个参数的维度,包括天然气价格和成本。

第 3 阶段:Metropolis、Byzantium。2017 年 10 月 16 日,通过添加 zk-SNARK 和难度炸弹(作为通货膨胀 ETH 发行的基础),提高了隐私和安全性。

第 3.5 阶段:Metropolis、Constantinople。2019 年 2 月 28 日,

改进了智能合约并使用状态通道探索了可扩展性解决方案。

第 4 阶段：Serenity、以太坊 2.0。预计于 2022 年以后分几个阶段实施，将以太坊转换为权益证明（PoS）协议，包括以太坊 Web 组件（eWASM），用于提高网络性能和扩展支持的智能合约编程语言。

以太坊出现之后，大量基于以太坊的 DApp 涌现，也引发了 ICO 的蓬勃发展。截至目前，全球募资额排名靠前的 ICO 项目为 EOS、GRAM、LEO、Filecoin 等。随着不同行业基于区块链应用的需求，出现了一些适用于不同应用场景的公链和联盟链项目，如 EOS、Neo、Hyperledger Fabric、BCOS 等。

（三）第三阶段：去中心化金融（DeFi）

2017 年 12 月 17 日，以太坊上第一个完全去中心化的稳定货币——Dai 正式发布，它是去中心化金融的基石。DeFi 的目标是构建透明化的金融系统，向所有人开放，且无须许可，不用依赖于第三方机构即可满足金融的需求。DeFi 的应用场景非常广泛，目前涉及资产管理、基础设施、借贷、DEX、金融衍生品等业务。

（四）第四阶段：非同质化通证（NFT）

2021 年 3 月，Beeple 的 NFT 加密数字艺术品在佳士得创纪录拍出超 6 900 万美元，彻底引爆了 NFT 的热潮。基于区块链技术的 NFT 使得购买了 NFT 数字艺术品的人拥有了数字资产，并附有真实性的数字证书。NFT 增强了所有类型资产的通证化，无论是数字资产还是真实资产。这种通证化为投资者的资产赋予了更多的流动性。NFT 的出现给出了一个非常好的经济确权机制，保证在这个架构中经济系统的稳定。

从功能属性上可将 NFT 分为基础设施、项目创作、交易流通、衍生应用等。①

（1）基础设施：包括发行 NFT 的底层公链（ETH、MATIC、Flow、WAX 等）和 IPFS 存储。

（2）项目创作：目前主要集中在数字收藏品、游戏资产和虚拟世界三个领域。

（3）交易流通：以 OpenSea 为首的综合性交易平台，为用户提供了稳定便捷的多类 NFT 资产交易体验。

（4）NFT+DeFi：主要方向包括借贷和 NFT 指数。

（5）虚拟世界、元宇宙：元宇宙目前还处于非常早期的阶段。目前元宇宙概念的游戏包括 Decentraland、The Sandbox、Cryptovoxels、Somnium Space 等。有些游戏也已经大量使用 NFT。

（五）第五阶段：元宇宙的基础设施

如果说未来社会的终极形态就是元宇宙，那么区块链技术无疑将成为元宇宙的基础设施。区块链是元宇宙实现升维的关键技术之一，其作用在于保障用户虚拟资产、虚拟身份安全，确保用户可以在一个规则透明、开放、高效、可靠的去中心化金融系统中，真正拥有自己的资产，并自由地实现价值交换。通过 NFT，把现实世界中的各类资产与数字世界进行联结，不断丰富元宇宙的生态种类，进而不断地拓展元宇宙的想象边界。

---

① https://www.sohu.com/a/476282748_485557.

解构元宇宙

去解构和预测新兴事物

不被打脸

几乎是不太可能的

据说

高手的脸

肿得快消得也快

被打脸太少的人

水平往往也不会太高

十二、元宇宙 BIGANT 六大技术全景图

正如互联网经济是架构在 IT 相关技术基础之上，元宇宙的崛起离不开庞大技术体系的支撑。

我们研究了业界对元宇宙技术体系的各种分析和论述，总结提炼出支撑元宇宙的六大技术支柱，这应该是目前对元宇宙技术体系最全面的概括。

我们把这六大技术支柱的英文组合成一个比较有意思的缩写 BIGANT，趣称为"大蚂蚁"，你可以想象这是来自元宇宙的大蚂蚁。其实蚂蚁是非常有意思的动物，单只蚂蚁的智商很低，但一大群蚂蚁构成的小社会具有很高的智慧：它们可以调节温度、建构出复杂的蚁穴结构、管理真菌农场、照管蚜虫牧场，它们可以组建分工复杂的军队、运用多种战略战术作战。令人吃惊的是，成员数量越多，蚂蚁的群体智慧就越高。

支撑"元宇宙"的六大技术支柱 BIGANT 包括：区块链技术（Blockchain）、交互技术（Interactivity）、电子游戏技术（Game）、网络及运算技术（Network）、人工智能技术（AI）、物联网技术（Internet of Things）。这六大技术体系，既是六座技术高塔，也是六条技术英雄们的宽广财富之路。

（一）区块链技术（Blockchain）

区块链是支撑元宇宙经济体系最重要的基础！元宇宙一定是去中心化的，用户的虚拟资产必须能跨越各个子元宇宙进行流转和交易，才能形成庞大的经济体系。

通过 NFT（非同质化通证）、DAO、智能合约、DeFi 等区块链技术和应用，将激发创作者经济时代，催生海量内容创新。基于区块链技术，将有效打造元宇宙去中心化的清结算平台和价值传递机制，保障价值归属与流转，实现元宇宙经济系统运行的稳定、高效、透明和确定性。

（二）交互技术（Interactivity）

人体交互技术是制约当前元宇宙沉浸感的最大瓶颈所在。交互技术分为输出技术和输入技术。输出技术包括头戴式显示器、触觉、痛觉、嗅觉、直接神经信息传输等各种电信号转换于人体感官的技术；输入技术包括微型摄像头、位置传感器、力量传感器、速度传感器等。复合的交互技术还包括各类脑机接口，这也是交互技术的终极发展方向。

人眼分辨率为 16K，这是没有窗纱效应的沉浸感起点。如果想要流畅平滑真实的 120Hz 以上刷新率，即使在色深色彩范围都相当有限的情况下，1 秒的数据量就高达 15GB。所以单就显示技术而言估计得 3 年左右才能达到这个水平，前提是其他关键模组还得跟得上。目前包括 Oculus Quest2 在内的大部分产品只支持到双目 4K，刷新率从 90Hz 往 120Hz，还只是较粗糙的玩具级。

（三）电子游戏技术（Game）

这里所说的电子游戏技术既包括游戏引擎相关的 3D 建模和实时渲染，也包括数字孪生相关的 3D 引擎和仿真技术。前者是虚拟世界大开发解放大众生产力的关键性技术，要像美图秀秀把 PS 的专业门槛拉低到现在普通百姓都能做一样，只有把复杂 3D 人物事物乃至游戏都拉低到普罗大众都能做，才能实现元宇宙创作者经济的大繁荣。

后者是物理世界虚拟化数字化的关键性工具，同样需要大幅把门槛拉低到普通民众都能操作的程度，才能极大加速真实世界数字化的进程。这里面最大的技术门槛在于仿真技术，即得让数字孪生后的事物必须遵守物理定律、重力定律、电磁定律、电磁波定律，如光、无线电波，必须遵守压力和声音的规律。

电子游戏技术与交互技术的协同发展，是实现元宇宙用户规模爆发性增长的两大前提，前者解决的是内容极度丰富，后者解决的是沉浸感。

（四）网络及运算技术（Network）

这里的网络及运算技术不仅是指传统意义上的宽带互联网和高速通信网，还包含 AI、边缘计算、分布式计算等在内的综合智能网络技术。此时的网络已不再只是信息传输平台，而是综合能力平台。

云化的综合智能网络是元宇宙最底层的基础设施，提供高速、低延时、高算力、高 AI 的规模化接入，为元宇宙用户提供实时、流畅的沉浸式体验。云计算和边缘计算为元宇宙用户提供功能更强大、更轻量化、成本更低的终端设备，如高清高帧率的 AR/VR/MR 眼镜等。

元宇宙庞大的数据量，对算力的需求几乎是无止境的，好在英业达、台积电等半导体厂商不断在成倍推高算力上限。最新的好消息是，霍尼韦尔提出了新的摩尔定律承诺：5 年内每年将其量子计算机商业产品的量子量提高一个数量级！

（五）人工智能技术（AI）

人工智能技术在元宇宙的各个层面、各种应用、各个场景下无处不在。包括区块链里的智能合约、交互里的 AI 识别、游戏里的代码人物、物品乃至情节的自动生成、智能网络里的 AI 能力、物联网里的数据 AI 等，还包括元宇宙里虚拟人物的语音语义识别与沟通、社交关系的 AI 推荐、各种 DAO 的 AI 运行、各种虚拟场景的 AI 建设、各种分析预测推理等。

（六）物联网技术（Internet of Things）

物联网技术既承担了物理世界数字化的前端采集与处理职能，也承担了元宇宙虚实共生的虚拟世界去渗透乃至管理物理世界的职能。只有真正实现了万物互联，元宇宙实现虚实共生才真正有了可能！物理网技术的发展，为数字孪生后的虚拟世界提供了实时精准持续的鲜活数据供给，使元宇宙虚拟世界里的人们足不出网就可以明察物理世界的秋毫。

5G 网络的普及为物联网的爆发提供了网络基础，但电池技术、传感性技术和 AI 边缘计算等方面的瓶颈依然制约了物联网的大规模发展，可望 5 年左右会有质的改善。

十三、元宇宙产业生态全景图

元宇宙产业体系主要包括以下四个层级：应用层、平台层、网络层和感知及显示层。平台层的开发平台以上为元宇宙内的虚拟世界产品，以下则为物理世界产品，这是为虚拟世界产品提供支撑。

- 应用层主要是元宇宙虚拟世界内的各种应用及内容，包括游戏、数字金融、虚拟活动、教育培训、社交及直播等。
- 平台层可分为三层：元宇宙虚拟世界内搭建各种内容和基础设施的平台、构建元宇宙所需的各种开发工具平台、内容分发平台及底层操作系统平台。
- 网络层包括各种算法和网络通信，可分为四层：底层为提供基础通信的通信网络层，上一层包括互联网及物联网等，再上一层主要是云计算及云储存、人工智能和区块链，最上层包括边缘计算等。
- 感知及显示层是各种输入、输出设备，包括 AR/VR 头显、智能手机、个人电脑、脑机接口、摄像头、体感设备、物联网传感器、语言识别系统设备等。

元宇宙通证

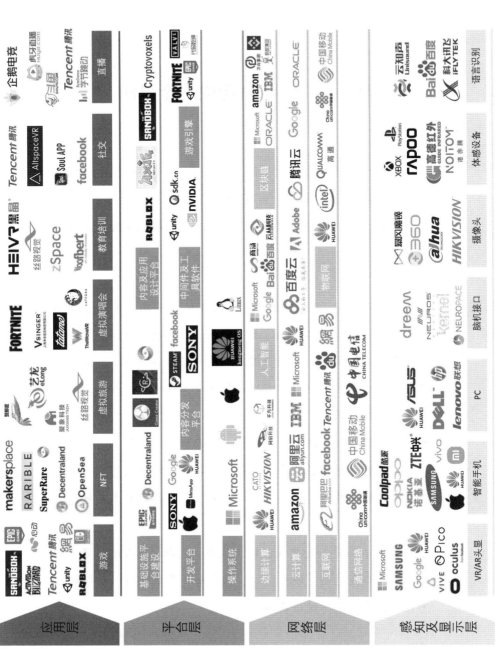

图13-1 元宇宙产业生态全景图

十四、元宇宙经济学

（一）元宇宙经济的四个要素

人们在元宇宙中，摆脱了物理世界的一些"俗务"。其主要的活动就是体验、创造、交流和交换。

Epic 公司的 CEO 蒂姆·斯威尼（Tim Sweeney）在接受关于元宇宙经济的访谈时说："我们不仅要建立一个 3D 平台，建立技术标准，还要建立一个公平的经济体系，所有创作者都能参与这个经济体系，赚到钱，获得回报。这个体系必须制定规则，确保消费者得到公平对待，避免出现大规模的作弊、欺诈或诈骗，也要确保公司能够在这个平台上自由发布内容并从中获利。"①

从蒂姆·斯威尼的发言来看，要在元宇宙中生活，必须要有几个基本要素。数字创造，创造出"阿凡达"需要的产品。数字资产，创造的产品如果进行销售，必须解决产权归属的问题，必须要能标记是谁创造的，而且要避免数字产品可以被无限复制的难题。数字市场，总要有一个交易的场所，和大家必须遵循的规则。数字货币，买东西总要付费。交易虚拟的数字产品，用法币来支付有很多困难，因此，元宇宙需要数字货币。数字创造、数

---

① https://m.thepaper.cn/baijiahao_12662557.

字资产、数字市场、数字货币支撑了整个元宇宙的经济体系，由此满足了数字消费。

1. 数字创造

元宇宙经济同样存在供需两端，需求端需要满足体验和精神层面的需求，精神需求是多层次、多维度的，是丰富多彩的。这就需要供应端提供多种多样的数字产品，张开梦想的翅膀、突破想象的极限，才能满足"阿凡达"无止境的精神需求。数字创造者和数字消费者足够多，元宇宙才能运转和繁荣。

数字创造是元宇宙经济的开端，没有创造，就没有可供交易的商品。在物理世界，人们"创造"的都是实物或者服务。我们会用"产品"对其进行描述，当其进入市场进行流通时，就会被称为"商品"。而在元宇宙中，人们进行的是"数字创造"，创造的是"数字产品"。物质都是数字化的，是一些数据的集合。我们在游戏里边可以建造楼房、创造城市，我们在短视频 App 中、在各种平台上可以拍摄短视频，通过微信公众号可以发布各式各样的图文。这些其实都是我们的数字化产品。这种数字创造的过程是客观存在的，是元宇宙经济的第一个要素。

元宇宙是否繁荣，第一个重要的指标就是数字创造者的数量和活跃度。元宇宙的缔造者们，需要提供越来越简便的创作工具，降低人们的创作门槛。

2. 数字资产

资产，隐含产权属性，并且是交易的前提。《王者荣耀》中的"皮肤"，大家都知道是腾讯的产权，如果想要购买，就得付钱。玩家购买的"皮肤"属于玩家的私人装备，可以转让。有些高水平的玩家赢得了某个"皮肤"，可以出售获利。这样一来，"皮肤"就具备了资产属性。在淘宝、闲鱼等电子商务网站上，用户可以轻松搜索到出售"皮肤"的玩家。

显然，"皮肤"是在《王者荣耀》中创造的，也只能在这个游戏中进行购买。很多游戏都有类似的虚拟商店。这些虚拟商品不能脱离游戏平台，换句话说就是不同平台的虚拟产品没有通用性，不能构成严格意义上的数字资产。这也就限制了跨平台、跨游戏的数字资产的流通。

在 Roblox 提供了游戏开发平台后，玩家可以自己开发游戏，在游戏中创造出稀奇古怪的数字产品。这些数字产品，只要在 Roblox 的平台上，就可以跨游戏使用。游戏中创造的虚拟物品可以在其他游戏中使用，这是一个相当大的突破。Roblox 公司上市不久，市值就突破了 400 亿美元，足见资本市场对于 Roblox 数字资产跨平台流通模式的追捧。

但如果想把 Roblox 平台上玩家购买的数字产品（虚拟物品）拿到其他游戏中使用，目前是做不到的。因为其他游戏的平台和 Roblox 平台没有打通。这就限制了数字资产的流通。

因此，无论是《王者荣耀》中的"皮肤"，还是 Roblox 用户创造的建筑，都还不是严格意义上的数字资产。如果创建一个低层的平台，在数字资产层面提供严格的版权保护和跨平台的流通机制，那么真正的元宇宙经济就会形成。

3. 数字市场

数字市场是整个数字经济的核心，也是元宇宙得以繁荣的基础。建立数字市场的最终目的，是繁荣整个元宇宙。有了数字市场，在元宇宙中就有了盈利的可能。

数字经济蓬勃发展，带来了几种类型的市场的扩张：第一种是进行实物交换的电商市场，如阿里巴巴、京东这一类，是最为我们所熟知的一类。第二种市场交换的是创造内容的工具，如手机上的应用商店。在这个市场中，没有数字内容的交换，只有具备特殊性的、能够创造数字内容的虚拟数字商品的交换，也就是各种App。而第三种市场，则纯粹是数字内容的交换，如给某段视频或图文材料进行"打赏"，还有玩家在游戏中"购入"一栋大楼、一个城镇、一辆汽车或一套"皮肤"等。

在元宇宙中，我们着重谈的是第三种，即交换纯粹的数字产品的数字市场。这一类数字市场的雏形已经形成。例如，玩家可以在一些网站上售卖自己购买的"皮肤"、自己"养"的游戏账号等。但是，这种市场还不完全是我们所要讨论的数字市场，因为这样的交易并不是在元宇宙内部完成的，它们依赖外部的市场，与在游戏内部直接建立市场进行交易有一定区别。成熟的元宇宙数字市场，其交易产品的创造过程和实际交易都应该是在元宇宙中完成的。

4. 数字货币

银行一般被认为是现代社会的标志，是资本主义社会区别于封建主义社会的重要因素，是人类社会进入工业时代以来，经营理念、技术水平、社会制度全面变革的产物。

我们目前处在工业时代向数字时代过渡的历史进程中，脱胎于工业时代的银行，如何才能跟上历史的步伐呢？其核心就是看银行体系，要能促进数字货币的发展，而不是阻碍数字货币的发展。

在工业时代，人类社会完成了实物货币（黄金、白银等贵金属货币）向法币的转换。数字时代，人类社会必将完成从法币向数字货币的转换。元宇宙经济，则是全面应用数字货币的试验田，在元宇宙中，没有给法币留下空间。关键问题是法币体系成本高昂，已经无法满足元宇宙经济发展的需求了。元宇宙经济的核心问题就是数字货币的应用问题。

（二）元宇宙经济的基本特征

元宇宙的数字市场既不同于两极分化、贫富悬殊的传统资本主义社会中的"自由主义"市场，也不同于导致"平均主义"的僵化的计划经济。它充分吸纳两者的长处，摒弃两者的弊端。数字市场具有"整体性"的特点，因此应该结合路德维希·艾哈德指出的向社会负责的社会市场经济，在自由原则、社会平衡下，每个人具备对整个社会的道德上的负责精神。采用我国传统哲学思想之上的"整体观"，站在事物整体状况及其特性的视角，将国家、政府等多方的作用考虑进去，从全局角度分析数字市场特色、解决传统市场问题。

1. 计划与市场的统一

绝大多数的经济学家，只关心市场创立以后的发展如何，鲜有人思考市场到底是怎么产生的。

在元宇宙中，生产资料只有数字，而数字是无限的。无限的资源是无法形成市场的。形成数字市场的秘诀就在于"限量供应"四个字。

在元宇宙中，数据是丰富的，玩家是透明的。海量的数据加上精妙的算法，可以计算出一个最佳的上限，甚至可以计算出一个最合适的价格。

数字市场的特征之一，就是商品的总量控制受到计划的影响，而资源配置、自由竞争由市场机制完成。

2. 计划与市场结合是中国的成功经验

中国的经济发展在过去 40 年取得了举世瞩目的成就，无论是国家能力（计划），还是市场能力（市场）都取得了长足的发展。传统市场中的很多问题是政府与市场、政府与社会治理边界的割裂造成的，使得一方面计划存在片面性，另一方面市场也时常存在无效性。因此，《习近平关于社会主义经济建设论述摘编》中指出，我国实行的是社会主义市场经济体制，仍然要坚持发挥我国社会主义制度的优越性，发挥党和政府的积极作用。市场在资源配置中起决定性作用。要使市场在资源配置中起决定性作用和更好地发挥政府作用，还需要将市场与政府计划融合起来。

从新中国成立之初的第一个五年计划，到现在的第十四个五年计划，这是我国经济整体性、计划性的表现。各类要素市场的发育完善是我国经济市场化、灵活性的体现。我国正是长期坚持计划与市场的统一、协同，才有了今天的建设成果。

打着新自由主义旗号的一些经济学家，让政府和市场站在对立面，把"有形的手"和"无形的手"放在一起，让计划经济和市场经济交互作用。这都是二元论、机械论的世界观，没有看到这些概念之间对立、统一的内在完整性。

在他们对立的世界观中，人为高效的市场和有为的政府是矛盾的、水火不容的。但是恰恰在数字市场中，两者是高度统一的。

3. 数字市场中计划和市场的统一性

通过数字技术赋能建设高质量的数字市场体系，既可以完善市场竞争的基础地位，又可以充分体现政府计划的重要性。最终生产要素市场的总量控制受政府宏观调控的影响，而数字市场中的资源配置、自由竞争要由市场完成。

首先，基于要素市场总量的调控是计划的机制。数字市场中包含了传统市场中广泛存在的要素市场。因此，对稀缺要素需要进行科学的调配，数字市场中数字技术的赋能就是进行计划调控的有效途径。这部分权力事实上也应该掌握在政府手中。这能够最大限度地实现真实世界映射的"保真"。因此政府可以基于此制定决策，进行宏观的计划调控，提高决策的科学合理性，有节奏地释放和回收各类要素，譬如土地市场的供给、数字资产的确权使用等。

其次，资源配置通过市场的机制来实现。从主体来看，每家企业获取订单、采购原材料、组织生产的环节都完全地利用了市场机制。这些信息能够在数字市场中完整地呈现出来，能够打破传统市场由于封闭性导致的信息不完全现象。满足完全市场的基本假设，让市场有效性大幅上升，让资源配置水平接近理想状态。更进一步，在某些特定的行业中，市场机制甚至成为一种新型的组织方式。

在上述两种机制的作用下，数字市场中的组织与市场，甚至政府这类特殊的组织与市场的边界变得模糊。政府不仅可以被看作数字市场中通过计划控制要素总量的机构,也可以被看作带有计划的组织组成市场的一部分。政府一方面保障了市场的有效性,另一方面参与了市场交易的全过程。因此,政府的计划自然而然地融入了数字市场的市场机制,这一特点完美地结合了市场与计划,实现了二者的统一。

4. 比特币不成功的自由实验

比特币是秉承着极端去中心化的思想建立的第一个社区自治的实验。但是从其发展历程来看,并没有形成创始人中本聪最初的理想。比特币没有成为严格意义上的数字货币,只是第一个加密的数字资产。

2021年2月,特斯拉提交给美国证券交易委员会的文件中显示特斯拉购买了15亿美元的比特币。3月,马斯克在社交媒体上宣布可以使用比特币购买特斯拉,消息一经提出,比特币的价格一度达到64 000美元。但到了5月,特斯拉又宣布关闭比特币支付的渠道。比特币暴跌近50%。

马斯克充分利用其社会影响力操纵比特币市场。如果比特币归美国证券交易委员会管理,估计都会对马斯克的行为进行处罚。

绝对的自由一定导致绝对的垄断。在物理世界中,对于垄断监管已经形成了法律,中美两国都出台了反垄断法。然而对于比特币都不适用。那是一个由代码决定的完全自由的世界,但是自由的理想,最终还是要面对被操纵的现实。

以太坊在比特币的基础上,做了大量的改进。但是币值如果不稳定,最终也会伤害以太坊的元宇宙。

5. 理想的市场经济

究其本质，监管的初衷在于确定边界、维持稳定的环境、明确参与各方的义务与责任。不论在什么市场中，道德风险、投机行为都是难免的。在数字市场中，如果没有监管，用户的自由是得不到保障的，平台有可能通过数据优势、技术优势人为制造信息不对称而造成垄断，限制市场参与者的经济自由。因此需要监管作为"方向锁""惩戒棒"来保障市场运行。市场中的自由则是指参与市场的各方在市场中的活动不会受到任何干预，自由竞争、自由市场、自由选择、自由贸易及私有财产能够得以保障。市场的自由并不是无限的自由，而是保障市场有效运行的自由。因此，"理想的市场经济，是一个市场上每一笔交易都能够受到监管、登记和事后责任追究的经济，而不是芝加哥学派和华盛顿共识鼓吹的放任自由的经济。一个好的经济制度是一个能够建立和实施严密市场监管的制度，而不是新制度经济学派缺乏内涵的、抽象的'一切市场皆可为'的'包容性'制度"①。

6. 监管手段滞后是市场自由受限的原因

一个健全的，具有高度适应性、竞争力、普惠性的现代数字市场是推动发展先进数字产业、振兴实体经济的"定海神针"。这就需要完善基础性制度建设，大力发展监管科技。数字经济的发展是大势所趋，蓬勃发展的数字经济深深地改变着人类的生产生活方式，也改变了传统监管与自由的关系。在数字市场中监管与

---

① 文一.伟大的中国工业革命——"发展政治经济学"一般原理性批判纲要［M］.北京：清华大学出版社，2016：176.

自由是统一的，监管并不是为了限制市场的自由而存在，而是可以看作为了满足大多数人的自由，维持市场有效性的必要措施。

事实上，在数字市场里，监管是极其重要的新兴的技术保障，是数字经济运行的关键。如果没有这个监管，传统失效的市场就不可能实现理想中的自由。并且在数字市场里，监管的边界其实是动态的、可协调的。市场中的变化是瞬息万变的，如果靠人工、非实时监管，由于市场失灵造成的损失可能早就产生了。但如果是在人工智能等技术的赋能下，形成了完善的监管制度并依次执行，问题将迎刃而解。因此，监管必须是与数字市场运行同步的，只有这样规则才能落到实处，将市场中可能发生的风险控制在萌芽状态，保障市场的平稳运行。

7. 小结：繁荣元宇宙经济的几个关键问题

游戏不过是元宇宙的雏形，元宇宙的构建需要从其构成要素方面多加思考、多方协同、共同推进才能形成繁荣的局面。在数字创造领域，可否提供简单易用的创造工具来支持用户原创的内容？可否内置社交网络来形成社会化网络效应？可否建立高效率、低成本的交易市场来让内容创作者获利？可否建立超越元宇宙的数字货币体系？前三个问题可以依赖元宇宙的创业团队，第四个问题则有关元宇宙基础设施的建设，必须上升到国家层面，才能系统性地解决问题。

十五、元宇宙的 DAO 与治理

自荷兰的东印度公司开启现代企业制度以来，所有权和经营权的分离导致了企业治理问题的诞生，并成为资本市场无数大戏的不竭素材源泉。股东会、董事会、监事会的有效性成为组织的慢性病，永远在治却似乎永远也治不好。

DAO（分布式自治组织）是区块链技术带来的一种富有想象力的未来组织形态，为上述"不治之症"的治疗带来了希望。

随着组织数字化范围和程度的持续加大，制度、行为甚至思想的数字化，为大幅提高治理效率和效果提供了技术上的便利，尤其是在区块链技术的加持之下。

在完全数字化的元宇宙虚拟世界里，组织利益相关者的识别、测量、评价、赋权变得轻而易举，利益相关程度也很容易量化。中心化的股东会、董事会和监事会的大部分职能可以被智能合约更高效地替代。组织走向更高程度的自治就成为自然而然的结果。

不过，有些东西会变，有些东西则永远不会变。不变的是利益相关程度越大的投票权越大，变的是那些利益相关程度小的，其发言权和发起投票权得到了高效的保障。

如果 1620 年时有区块链，"五月花"号船上人们制定的那份《五月花号公约》将成为 DAO 的典范！

（一）去中心化，理想照进现实

中心化商业组织的天然垄断倾向，是根植于其商业基因中的。毫无疑问，这些大型的组织在推动人类进步方面依然功不可没。但是时代车轮毕竟滚滚向前，人们总是在探索破解之法，建设一个新世界。

最早、最成功的实验，就是比特币。尽管我国目前正在严厉整治"挖矿"（比特币发行的机制）行业，比特币带来的去中心化天然就是对抗互联网巨头、银行等中介机构的武器，是人类在商业化治理中的探索。

1. 比特币，去银行中介

在比特币交易中，是不需要银行的。也就是说，无论是跨国交易还是个人交易，都不需要经过银行这个中介，自然也就不再需要 Swift 系统，华尔街大鳄们想要兴风作浪，也不再有任何的信息优势。

比特币是一个完全使用点对点支付改进版电子现金，将支持一方直接发送给另一方的在线支付方式，无须通过金融机构。

在以黄金、白银、铜板这些贵重金属作为货币的时代，是没有银行这个概念的。支付就是最自然、最原始的点对点支付。所谓点对点，就是直接从买方交给卖方，不经过任何中间环节。这样的支付方式，从实物货币诞生以来，就是最主流的支付方式，也是所有经济活动的基础。

比特币相当于在数字世界恢复了人类历史上最古老的支付方式。一手交钱，一手交货，没有中间商赚差价。

2. "智能合约"去第三方的自治商业

在现实商业环境中,事情总有先后发生的次序。就一手交钱、一手交货这个最简单的情况,如果涉及大额的资金,也可能陷入"先给钱还是先给货"的矛盾中。买方担心自己付了钱,拿不到货;卖方担心自己卖了货,拿不到钱。

中介组织银行给出的解决方案,就是开立共管账户,资金打入共管账户中,共管双方都同意,才能动用共管的资金。相应地,商业流程就变成如下几个步骤:第一步,找银行开立共管账户。第二步,买方把资金汇入共管账户中。第三步,卖方发货。第四步,买方确认收货。第五步,共管账户资金汇入卖方账户。第六步,注销共管账户。然后交易结束。

银行事实上承担着商业行为中终极信任者的角色,大家都信任银行。但是如此一来,银行的中心地位又回来了。比特币建立去中心化银行的理想,岂不是不能实现?

在智能合约中,算法取代了银行的位置。利用智能合约,一手交钱、一手交货的商业流程,变成了另一种流程:第一步,开发智能合约,锁定买方的部分资金,确保有足够的资金用于支付货款。第二步,卖方发货。第三步,智能合约自动确认收货信息,一旦确认执行智能合约中约定的转账协议,自动向卖方账户转入提前锁定的资金。智能合约取代了银行和共管资金账户的功能。

智能合约之所以成立,是因为基础的交易环节都是在区块链上进行的。每个交易环节都被精确记录,并且不能修改。

3. 区块链,去中心化的账本

记账是区块链的核心,确保账本不被任何人修改,是由其一系列的技术和算法保障的。

区块链实现了分布式账本的机制。信息在区块链上所有节点都会同时记录，而且是对所有节点开放的信息。

这样，信息就在节点之间完全透明，节点之间都是平等的，没有任何一个节点可以藏匿信息。这就打破了中心化节点垄断信息的霸权。

（二）两种治理方式的比较

"中心化组织+监管机构"是物理世界中的最典型的治理模式，古今中外，概莫能外。在数字世界中，区块链技术实现了"去中心化组织+智能合约"自治的模式。

银行业受银保监会监督，证券业受证监会监督，互联网平台被市场监管总局监管。这种治理模式至少在物理世界，还是行之有效的。中心化组织利用数据霸权为所欲为的时候，不得不顾忌悬在头上的达摩克利斯之剑。

在区块链构成的去中心化世界中，正在构建新的治理模式。去中心的治理模式，到底去了什么中心？我们先从物理世界中电影产业的治理说起。

1. 电影产业的治理

电影这个行业是在物理世界生产，在物理世界消费，在数字世界体验的特殊行业。其资产类型是典型的高价值数字资产。

早期的电影采用胶片摄影机拍摄，电影就是一卷卷的胶片。现在几乎没有人再利用胶片技术来拍电影。偶尔有一两部，宣传上往往强调胶片电影才有的质感。取而代之的是数字技术，电影从存储在胶片上，变成存储在硬盘中，成了一个个数字文件。无论是胶片还是数字文件，对于电影产业而言，盗版都是大敌。

电影产业首要防范的就是盗版。现在大都采取加密数字文件的方式防范盗版，只要不知道密钥，就算有人盗取了数字文件，也无法播放。另外一个方式，就是控制昂贵的电影播放设备。例如3D类型的电影，需要专用设备播放。控制专用设备也是保护电影文件的可选方法。

电影产业涉及制作方（拍摄电影）、发行方（销售电影）、院线（播放电影的影院，为了简化讨论，其他播放渠道如网上点播等忽略不计）。这三方收益如何分配？处在产业发展的不同阶段，三方之间分配比例略有不同。具体比例是行业博弈的结果。

但是有两个最重要的问题，不管三方分配比例如何，票房总收入谁说了算？院线和票务公司收到的资金，该如何归集？只有知道准确的总票房，电影工业的各个环节才知道分配的总盘子，知道自己按照比例可以分多少？票房收入的资金必须专款专用，及时地分配给各个参与方，才能皆大欢喜。

2. 区块链的治理模式

用区块链技术实现的电影产业的治理方式，还有所不同。

区块链利用分布式账本技术取代了"全国电影票务综合信息管理平台"。制作方、发行方、院线都是电影区块链上的节点。票务销售数据的"账目"全部上链保存，任何一方都不能修改票务销售数据的账目。这是用技术手段取代行政命令，但是都能达到一样的效果。"账目"具有权威性，足以用来作为各方分配的依据。

监管的手段采用智能合约，即所谓"Code is rule"。如果触发（违反规则），则自动执行（处罚）。

电影产业治理模式和区块链治理模式，毫无疑问都在各自的领域发挥着举足轻重的作用。

（三）游戏，并非逃离现实的世外桃源

元宇宙中的"阿凡达"不过是人们的一个化身，人们多重的人格可能在不同的元宇宙演绎不同性格的"阿凡达"。人性中善的一面可以被激发，恶的一面同样也可以放大。有些问题，不是代码可以解决的，比如另类的欺凌、性犯罪、数字资产的损毁、教唆犯罪等。

（四）治理模式追求，尚没有看到尽头

在元宇宙中，人们行为规则的社会化属性，比去中心化的应用中的社会化属性更为明显。目前以区块链为基础的去中心化应用，大多集中在金融、交易等领域，也有人在开发利用区块链技术的游戏。但是在画面、娱乐性方面，尚无法和Roblox、《堡垒之夜》等大作相媲美。

不同的元宇宙，不同的"阿凡达"，不同的人性体现。这些多样的人生是在相同的游戏规则中演化的人生百态。创始者也并非完全都是上帝的模样。游戏《蓝鲸》的开发者，或许就是撒旦在元宇宙中的代表。

当然，我们没有办法在元宇宙中建立"政府"，承担最终裁决者的角色。以区块链为基础的社区自治模式，提供了成本低廉的解决方案。但是这个模式不足以应对人性之恶、创世者之恶。

对恶的容忍，就是纵容对善的欺凌。从这个意义上来讲，元宇宙社区自治，依然需要探索前行。在有可行方案之前，或许需要借鉴电影产业的治理模式。

另外，我们也观察到类似迈阿密公寓悖论的问题，在元宇宙中同样有发生的可能。但既然是创世的宇宙，治理体系同样在创世之中。

十六、元宇宙内产业发展阶段预测图解读

虚实共生的元宇宙为人类社会实现最终数字化转型提供了明确的路径，并与"后人类社会"发生了全方位的交集，展现了一个具有与大航海时代、工业革命时代、宇航时代同样历史意义的新时代。

所有对未来的预测几乎都难逃被"打脸"的困境，更别说元宇宙这种极其庞大而复杂的全新世界形态。但为了给读者一个基本的框架供参考，我们还是提供了元宇宙五个阶段的划分方案。

在元宇宙产业发展阶段预测中（图16-1），我们主要把元宇宙的发展分为五个阶段：起始阶段、探索阶段、基础设施大发展阶段、内容大爆炸阶段及虚实共生阶段。我们预测了元宇宙内每个阶段的产业发展，预计到第五阶段时，元宇宙将进入繁荣期，现实社会90%以上的产业都会在元宇宙内发生，现实社会没有的产业也会在元宇宙内欣欣向荣。

到那时，虚拟空间与现实社会将保持高度同步和互通，交互效果接近真实。同步和拟真的虚拟世界是元宇宙构成的基础条件，同时用户在虚拟的元宇宙中进行交互时能得到接近真实的反馈信息，达到虚实共生！

当今时代正处于新一轮科技大爆炸之中，虚实共生阶段也许比我们想象的来得更早！

第四篇 解构元宇宙

	起始阶段	探索阶段	基础设施大发展阶段	内容大爆炸阶段	虚实共生阶段
第一产业	无	无	无	出现种植业、养殖业、畜牧业等第一产业	出现大量新物种的第一产业
第二产业	无	城市基础设施建造	基础设施建造工具和平台；基础设施建造（公共设施、新能源开发、自然环境、城市、乡村）；各类基础材料批发	新能源开发；服装制造业；旅游景区建造等	出现多元物种的制造业；第二产业新业态大量产生：脑机接口生产商等；从虚到实的各种制造商（超级器官制造、远程器官制造）
第三产业	萌芽阶段，以文学、艺术、宗教为载体的古典形态的"元宇宙"，如1992年的小说《雪崩》，1999年电影《黑客帝国》，2009年电影《阿凡达》，2018年电影《头号玩家》等	NFT交易所；演唱会；游戏道具制造；画廊；VR文旅；虚拟形象设计；培训教育；游戏角色生产	各类基础设施服务业（设计公司、建筑材料批发等）；各类金融业态的发展	与第一产业相关的服务业（如兽医、宠物医院）；人生涯设计及交易产业；金融业（期货、各类交易所等）；第三产业内容制造（如文化娱乐、教育培训、咨询、设计等）	从虚变实的各类服务业；各类智能3D打印设备制造（金属打印、生物打印等）；第三产业新业态大量产生：跨越各类不同元宇宙的服务商等

起始阶段	探索阶段	基础设施大发展阶段	内容大爆炸阶段	虚实共生阶段
萌芽阶段，以文学、艺术、宗教为载体的古典形态的"元宇宙"，如1992年的小说《雪崩》，1999年电影《黑客帝国》，2009年电影《阿凡达》，2018年电影《头号玩家》等	以具备初步经济形态的孤立游戏为主的元宇宙初步形态；以非沉浸形态为主	元宇宙内各类基础设施大发展；元宇宙虚拟世界建设期；虚实共生的萌芽期；平台型工具厂商批量出现；DAO的发展期及治理的萌芽期	元宇宙内容应用及内容大爆发；产生各种新业态	物联网高度发达和智能化；进入元宇宙繁荣期

图16-1 元宇宙产业发展阶段预测

第五篇
行胜于言 Let's Go

再宏大的机遇

不行动

你就只是个旁观者

机遇似乎总是被

乐观主义者冲进去抓住的

悲观主义者旁观点评的

十七、元宇宙第一功：开启创作者经济时代

智能手机出现以来，拍照、修图、拍视频、拍短剧、视频剪辑、直播这些原来是专业人士和团队才能做的事，如今普通个人仅用手机在 AI 软件的便捷操作下就能做得相当不错。因此，创作门槛的持续降低，激励着创作者队伍不断壮大。

但之所以一直未能形成创作者经济，有多种原因，主要在于创意确权、防盗版的成本和难度，创作者、经营者、消费者协作和分配模型的问题。

直到区块链技术的发展和元宇宙兴起，才真正开启了创作者经济时代！

截至 2020 年年底，元宇宙沙盒游戏公司 Roblox 平台共吸引了 170 多个国家和地区的 800 万创作者，创作了 2 000 万个游戏，其中约 100 万名开发者能获得收入，超过 1 000 名开发者年收入超过 1 万美元，2020 年第一季度到第三季度开发者总收入 2.092 亿美元。其 Roblox Studio 游戏创作平台的推出，极大降低了设计和制作游戏的门槛，在 NFT 等相关技术的支撑下，推动了创作者经济的大繁荣。

ROBLOX

- 全球最大的互动社区之一及大型多人游戏创作平台：通过游戏将全世界连接在一起，让任何人都能探索全球社区开发者建立的数千万个沉浸式3D游戏，提供一个想象、创造以及与朋友同乐的空间
- 2021Q1 DAU为4 210万，同比增长79%；平均DAU单日使用时长为153分钟，同比增长11%
- 2021Q1在美国iOS手游市场份额排名第一：5.52%

图 17-1　Roblox 平台发展成就

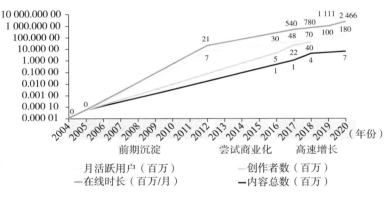

图 17-2　Roblox 发展历程

在元宇宙里，借助区块链技术的去中心化自治组织（DAO）和非同质化代币这两种方式，打造了一种新模式，鼓励创作者、运营者以及社区在一个新的相互依赖的所有权机制下共同协作：所有创作将完全由创作者、经营者和消费者所有，公司与创作者并非固定的绑定关系。

DAO 能够让它的创作者、支持者、贡献者和观众成为整个集体的所有者，即所有人都是整个集体的股东。所有参与者都参与

投资,获得代币(即 DAO 的股份)。未来的所有广告、订阅、活动以及其他方式的收入都将被汇集到账户中,所有收支公开透明。

DAO 创建的所有数字资产都为 NFTs。利用这种方式,可以通过智能合约很便捷地管理、监控和拥有每个资产。这意味着创作者、运营者和参与者都是 NFT 资产的合作者。

可以预见,一场现代化数字文艺复兴正在元宇宙这个最宏伟的舞台上发生,它将连接数十亿人。创作者经济将激活数以亿计的数字灵魂,点亮并繁荣元宇宙广阔的虚实时空。

十八、马斯克 & 孙正义：兴奋无眠，干！

马斯克说："我们现在生活的真实世界其实本身就是数字模拟出来的元宇宙，这个结论被推翻的可能性只有几十亿分之一。人类的文明发展还没有停止，说明这个游戏还在继续，我们都应该为此感到高兴。我每天要睡 5 小时 55 分钟，大概一周工作 80—100 个小时，我想加速这个游戏进度。"

孙正义说："从现在开始，会有更加巨大的变革到来，我非常激动，真的感觉连睡觉都是在浪费时间。"

席勒说："只有当人在游戏时，他才是完整的人。"

游戏精神，常常是很多创新的源头。

乔布斯年轻的时候，就是一个嬉皮士，赤脚，邋遢，去印度寻访上师朝圣禅修，喜欢摇滚乐队披头士，最喜欢民谣摇滚诗人——鲍勃·迪伦。

扎克伯格创建 Facebook 的初心就是为了给那些校园里的女生和书呆子的外形打分。没有这个原动力，就没有后来那番轰轰烈烈的创业故事。

马斯克更是个玩家，爱游戏、爱车、爱火箭，童年时期便拥有多台游戏机。"游戏具有令人难以置信的吸引力。"马斯克曾这样回忆。不过，与许多游戏爱好者不同，在玩游戏的过程中，马斯克萌发了自己开发游戏的念头，他还专门购买了一台电脑用以开发游戏。

2021年7月，极致大玩家理查德·布兰森用自己的商业太空船公司把自己"玩"上了太空。这是一位将"玩"进行到底的大顽童，号称"嬉皮士企业家"，乔布斯将其视为偶像。

他驾驶热气球飞越大西洋，打赌失败后扮成空姐为乘客服务，开坦克车碾过放在时代广场上的可口可乐……他兴趣广泛，涉足了唱片、航天、航空、铁路、饮料、银行、保险、化妆品等400多个行业，"玩"出了全球"单一品牌跨产业经营"的典范——维珍集团。

不要因为走得太远而忘记了为什么出发。互联网是"玩"出来的，元宇宙这个概念也是"玩"出来的。《雪崩》作者尼尔·斯蒂芬森说："我并没有预见未来的超能力，那本书（《雪崩》）完全是凭空捏造出来的。"

我们正处于新一轮科技大爆炸时代，要在"玩"中干、在干中"玩"，"玩"出名堂、"玩"出水平！兴趣让人兴奋，兴奋才能令我们干劲十足！

元宇宙的建设更需要海量具有玩家精神和游戏精神的人才。得让参与者"玩"起来，让创业者"玩"起来，让天使投资人"玩"起来，让元宇宙一系列新协议的专家们"玩"起来。

这里是元宇宙的世界，在这里唯一限制你的就是你自己的想象力。期待我们在元宇宙系列书的读者虚拟社群里再相聚……

致　谢

首先需要感谢的是中译出版社。在乔卫兵社长的带领和支持下，几乎集全社之力，打造出这套具有标杆意义的元宇宙书籍。感谢中译出版社社长乔卫兵，总经理李学焦，副总编辑刘永淳，外语分社社长刘香玲，财经中心负责人于宇，责任编辑张旭，文字编辑赵浠彤、张莞嘉、张程程、方荟文、薛宇、黄秋思，营销编辑顾问、张晴、毕竞方、吴一凡、杨菲，编务助理李静维、全占福、侯鑫，以及出版社其他参与此书校对、排版、设计、印制、发行、宣传推广等各个环节的人员，感谢他们为此书的顺利出版保驾护航。

感谢艾欣、苏彤、张小平、刘菁、张钢乐、蒋平富、李明、张岚、王汉、修磊、李茜、屠思睿、朱星、杨红宇、霍永光、周文凤，他们为编写《元宇宙通证》做出了很多贡献，熬过了无数个夜晚。

感谢紧锣密鼓地筹备 2021 年首届元宇宙高峰论坛及新书发布会的会务组同仁，他们是徐远龙、李欣溶、刘菁、王昊、林家卫、周美舍、骆卡、王赟晴、张璟璟、成江萍，以及中译出版社的王文、李珍妮、闫心语、冯颖等。

感谢所有为本书作序、推荐的学者、企业家、大咖们、朋友们。希望我们能并肩遨游元宇宙！

最后，尤其要感谢我的家人，包容了我近两个月对家里的"雷达盲区"，也感谢两个孩子的积极参与，Ta们是元宇宙真正的可能原住民。没有夫人的理解和支持，我就不会在短时间内完成这本书。

名家推荐[1]

（排名不分先后，按姓氏拼音排序）

站在自己的对立面，脱离未知的世界，冲破未知的世界，跨进元宇宙世界。用灵魂的一半去对应另一半，用精神的一半去对照另一半，用身体的一半去合元宇宙里的另一半，合为一个完整的自己。以灵魂指引自己的精神逃脱过往的面具，在元宇宙中重生自己。这是一条必经之路。当我读完本书的目录时，一束光正好划破夜空，它眷顾我，让我看见了那个澎湃而清新的宇宙。读这本书的意义在于看见自己是一个完美的人。

——艾　欣　三通集团董事长、中国企业家俱乐部发起理事

《雪崩》"创造"的元宇宙，"在黑太阳里，一切都是立体的，不透明的，写实的"。欢迎来到元宇宙时代，重新定义人和人生；它也会带来迥异的商业，请你保持兴奋和警醒。

——柏　亮　零壹智库发起人、横琴数链研究院院长

---

[1] 因本书定位篇幅所限，仅列出部分推荐人，完整推荐人名单和推荐语请参见本套丛书之《元宇宙》。

人类社会一直在发展，但需求本身一直没变。衣食住行，生老病死，七情六欲，以及对更美好生活的追求，这些需求一直没变；变的是形式，比如，满足衣食住行，生老病死，七情六欲，以及对更美好生活的追求，这些需求的形式一直在变。可以说，元宇宙是一个会对我们整个社会生活再次带来改变，甚至是重塑的新形式，也会是影响个人、集体乃至财富命运的新形式。远重兄的"元宇宙"系列，是我们通往未来的一张门票，意义重大，也必将影响深远。

——毕亚军　华商韬略创始人

对未知的好奇从来就是人类文明进步的重要动力，爱因斯坦用相对论揭示了宏观世界的规律，普朗克和玻尔的电动力学展现了粒子世界的奥妙。致敬中观世界的好奇者，带着我们体验平行时空的人生，更奇妙的数字化人生！本书是对元宇宙重要的元年献礼。相信本书的出版，会推动我们更快抓住元宇宙生态发展的关键要素，迎接下一代数字化未来的到来。

——常　扬　阿里巴巴副总裁、阿里巴巴文娱集团产业发展总经理

在物理现实世界，约瑟投资持续为优秀创业者、优秀企业和IP创造价值，在元宇宙的广袤数字世界里，约瑟这个身份所创造的价值则远远超出了投资本身。这套新书是进入元宇宙世界的最佳引路人。

——陈九霖　约瑟投资创始人

物理能量是支撑"信息唯一性"的根本基础。元宇宙创世前的互

联网,是低强度能源支撑的、低维度的信息世界。信息可以自主交流,但不能自主交易;未来,基于高强度、高载能、净零碳新能源为底盘的元宇宙新世界,将通过人民群众的共识、聚沙成塔的物理能量,来确保新世界信息的"唯一性"。我们可以看到的,还是互联网。但是,底层逻辑已经改变,底座已经重构。未来已来……

——陈 升 世纪互联董事长

元宇宙是一个新概念,但并不是一个新事物;相反,人类在技术与资本的推动下,已经在迈向元宇宙的进程中前行了多年。这本书恰逢其时地从理论基础层面,系统地阐释了元宇宙这一概念的构成,能够帮助读者前瞻性感知我们将要去哪里,时代将会如何变革。

——陈 玮 东方富海董事长

2021年是元宇宙元年。区块链、人工智能、虚拟现实技术的突破性发展,使得超空间传输协议、跨场域价值通证与拟感官认知界面三者第一次能够协同于同一应用场景,从而揭开地球的数字纪,真正进入人机共生的时代。

——陈 序 元宇宙与未来资产研究智库MetaZ创始人、
NFT China首席顾问

当虚拟世界和现实世界的界限被打通,人类将何去何从?《元宇宙》《元宇宙通证》未必能帮我们找到准确的答案,但会帮助人类变成更加智慧的生物。2021年是元宇宙元年,元宇宙将带领我们摁下"重启键",重新思考科技、文明、自然和人类的关系。

——**程　博**　武汉市中小企业发展促进中心主任

我有一个预感,元宇宙将打开人类认识自身存在的全新视角,就像几何学上有欧式几何,也有非欧几何,在元宇宙的平行时空里,我们肉身所在的物理世界也将不再代表唯一和正确的真理。人类无边际的想象力和区块链、人工智能等新科技的磅礴创造力相结合,将会反过来重新塑造出万千世界,这将是一场新的创世纪的开始,区别在于我们每个人都将参与其中。

——**邓　迪**　太一集团董事长

"元宇宙"系列书极具前瞻性和洞察力,其所描述的虚拟世界与现实世界相辅相成,已然是物理世界中的实体与数字世界中的孪生体相互映射,未来必将成为人类社会数字化发展的终极形态。元宇宙将会赋能现实世界的所有行业领域,基于现有商业模式进行元宇宙化创新,助力数字孪生的社会创新发展从概念走向落地实践,数字化社会已经到来。

——**刁志中**　广联达科技股份有限公司董事长

近年来 VR/AR/XR、脑机接口、区块链、数字人、数字孪生等新技术和产品层出不穷,真实世界和虚拟世界的边界似乎正不可逆地变得模糊。元宇宙概念的提出,更是为人类终极的赛博世界提出了完整的构想,也可能为人类下一世代数字技术的发展指出了前进的方向。这套书从多个维度剖析了元宇宙的核心内涵和典型特质,畅想元宇宙未来在多个应用领域的发展前景,带领读者提前

名家推荐

迈入元宇宙的奇幻世界,成为元宇宙的原住民。值得先睹为快!

——**杜永波**　华兴资本合伙人兼董事总经理

进入元宇宙,拥抱美好新生活与幸福新世界。

——**樊晓艳**　幸福社发起人

"元宇宙"系列书向我们描述了一个与现实世界相平行的虚拟世界,它的技术实现路径渐趋渐进。在这个永不离线的虚拟世界里,人们可以进行互动和交易,俨然是真实世界的镜像。本书高瞻远瞩,视野独到,极具先见之明,为我们打开了解未来虚拟世界的一道门。

——**傅　盛**　猎豹移动 CEO

链上原生艺术的非同质化通证,其实是执行智能协议的一种标准、一种行业规范。它天然具备可收藏性、可流通性和可证明性。非同质化通证不但有价值,而且具备进入虚拟社交游戏元宇宙的优势品质,势必与多链元宇宙应用场景、与虚拟世界所映射的人类交往理性及其乌托邦理想产生梦幻联动。显然,链上原生的加密数字艺术史将与物理现实中薪火相传的传统艺术史平行输出,虚实并进,互为表里,长期并存。然而前者终将成为后者的一种确证方式,从而让人类会聚最高人文智慧和精神价值的艺术文明获得一种数字永生。互联网的尽头也许就是元宇宙。《元宇宙》与《元宇宙通证》是了解元宇宙的奠定基础的好作品,希望了解和参与元宇宙的朋友们,一定要读一读。

——**顾振清**　著名策展人

元宇宙时代物理、伦理、成本、生产力、生产关系、价值定义都发生了巨变。从尺度上，狭义元宇宙可指任意精神沉浸场景，如书、角色、电影、游戏、城市；广义元宇宙则是所有现实与虚拟世界及其中的物种、物质、信息、规律、时间等互联形成的超级文明体。人人皆可创建无数个狭义元宇宙，最终构成广义元宇宙统一体。从时间上，2030 年前，Web 2.5"虚实共生"，现实与数字世界的互通入口如 AR 世界地图至关重要；2050 年前，Web 3.0"虚实莫辨"，海量子元宇宙如头号玩家实现体验互联；2070 年前，Web 4.0 才是脑机与 AI+ 系统互联的真·元宇宙时代。

——怀　洋　爻宇宙公民、悉见科技 & 本无起源创始人

一个全新时代的诞生，注定是科技全方位的突破。如何突破，该套丛书给了我们观测未来世界的视角。

——黄光明　魔漫相机创始人

这是一套数字化时代的开源之书，它描述了"人"从"偶尔成为的人"转向"可能成为的人"的进化之路。它是 21 世纪的"乌托邦"真正的建构，也是"桃花源"终于梦想成真的例证。在这个意义上，"人"达到了与上帝的和解。

——黄怒波　北京大学文学博士、中坤集团创始人、丹曾文化总策划

5G、VR、区块链、人工智能、工业 4.0……不知不觉间，第四次科技革命已经汹涌而至。新技术的飞速发展推动了社会结构的重构，人们的物质生活和精神生活水平被提升到了一个新的高度，

但这也引发了一系列伦理与道德问题。《元宇宙》《元宇宙通证》将告诉我们人类应该如何与科技协调发展。

——蒋东文　投资家网创始人

元宇宙是计算机们自己"算"出来、自己运营的一个世界,我们人类中的极少数人是初始建设者,而绝大多数人是参与者,但是我们人类加起来也只是少数民族,因为这个世界中最活跃的是机器人。

——孔华威　中科院上海计算所所长

有很多人把元宇宙简单地理解为虚拟游戏,也有人知道元宇宙源自于科幻小说《雪崩》,我把它概括为:利用算法和数据,以区块链作为底层操作系统,通过计算和显示技术创造的后人类平行文明。它是一个接近于四维的世界,所以它的价值将不再与用户数的平方成正比,而是与用户数的 3 次方甚至 N 次方成正比!

——孔剑平　嘉楠耘智集团董事长

未来的元世界的基盘将会是对接了 BIM/CAD/IoT 等数据的数字孪生系统,B 端应用将构建在这个系统之上。AR 将会是这个数字孪生系统和元世界的入口,也是真实世界与元世界的融合点,真实与虚拟的切换和衔接对空间映射的要求越来越高。但元世界单纯有技术支撑不等于能够驱动用户持续生成内容,寻找到这个点将是关键。

——李　劼　DataMesh 创始人

探索前沿的精英们不断有新发展、新发现。现在是你们的时代！把握住方向奋飞！

——李　蒙　第十届全国政协副主席

若感知世界的最重要维度——"时间"与"空间"被赋予全新体验，生活行为和经济运行都能被重新定义。"元宇宙"底层逻辑中的"去中心化"思潮代表部分千禧一代的全新身份认同，但也将面临更多监管博弈。是《头号玩家》般的"多元宇宙"，抑或只是"垂类3D兴趣社区App"，亲历技术变革的前三分钟，都是一件令人兴奋的事。

——李斯璇　著名双语主持人、财经评论员、《硅秘》up主

科技的突破一直引领着现代社会飞速发展，从混沌到秩序的创新涌现让越来越多的想象变成现实。由虚拟世界联结而成的"元宇宙"将为我们展现数字经济与信息技术交相辉映的宏大前景，预示着人类新时代的来临。未来已来，我们拭目以待。

——李　文　混序部落创始人

"上下四方曰宇，往古来今曰宙。""元宇宙"这个我们并不太熟悉的事物如同我们的未来，既充满未知又令人心动不已。这套书将帮助我们探寻上下，思索古今，迎接虚实共生的人类新世界！

——李亚倩　华益控股董事长

每十年，新的技术范式都将代替以往的范式，带动全新的社会创新与进步。2000年到2010年，我们历经了PC互联网的十年浪

潮；而 2010 年到 2020 年，移动互联网来势汹汹，快速席卷全社会；如今，到了 2021 年，我们又一次站在历史的分水岭。预计未来十年，元宇宙将作为与物理世界平行的数字世界，推动全行业实现终极数字化转型，因为它的能量远超移动互联网。如果你错过了 PC 互联网、移动互联网，那么，不要错过互联网的下一站——元宇宙。

——李　熠　51WORLD 创始人兼 CEO

元宇宙概念在全球资本市场风潮正起，多个项目已经斩获大额投资，这本关于元宇宙的书，值得勇于冒险的你认真读一读，你将走进一个新世界。

——李志磊　希鸥网创始人

元宇宙是独立于现实世界的第二虚拟数字世界，用户以数字身份在其中自由生活，其核心在于可信地承载人的资产权益和社交身份，能够寄托人的情感，让用户有心理上的归属感。虽然在技术层面，元宇宙的实现尚需一定的技术突破，但透过"元宇宙"系列书，我们可以清晰地看到元宇宙已经离我们越来越近了，我们应该积极拥抱这种趋势，把握历史的潮流。

——廖双辉　投投金融董事长、东方财富联合创始人

宇时宙，宙间宇，宇宙梦；元宇宙通道，引领一个美丽而宏伟的世界！

——林家卫　艺术家

我们现在从事的数字城市、数字政务、数字化产业，都是元宇宙的先导产业，是真实世界数字化的这部分；随着虚拟世界真实化的另一部分的不断发展，双方将交汇成虚实共生的元宇宙世界。这套书是指引你走向元宇宙未来世界的好向导。

——林　菁　佳讯飞鸿股份公司董事长

关于热点元宇宙，我来亮三点。左一点：现实世界正在加速数字化，我们都在奔赴数字化旅途。右一点：数字虚拟世界也在加速真实化，AR、VR、MR拐点将至。下一点：面对元宇宙这一新生事物，这套新书可以帮助你更好地了解。

——刘兴亮　《亮三点》出品人、DCCI互联网研究院院长

5G、人工智能、区块链、云计算、大数据、物联网、机器人……新一代的技术把人类再一次推到了一个新的时代：可以预见，在数字经济时代，系列创新将以数字化的方式更快地扑面而来。这一次的变革将会更加深刻和巨大，人类可以通过这些技术直接将物理世界完整地镜像到计算机网络中，成就数字化的平行世界。《元宇宙》及《元宇宙通证》非常前沿地为我们打开了认知未来平行数字世界的大门。

——隆　雨　京东集团前首席人力资源官、首席法务官

碎片化的数字信息时代，时间的巨轮呼啸而过。互联网革命以来，AI、区块链、数字货币、星链、加密艺术、元宇宙等一系列新概念接踵撞击着我们本已经负重的大脑。当"个体存在演变为巨大计算机（互联网）母体中的一段程序时，真实和虚拟的恍然

无界",继工业世界的铁血巨头之后,在数字互联网时代的IT超霸操控下,人们离在线虚拟系统越来越近,离梦想机器越来越远。人不过是一粒渺小的游尘或一个像素,世界或许只是无数代码编造的精神荒原……本套书应该可以成为许多人了解元宇宙的一把入门钥匙,相信会让许多人爱上元宇宙。

未来世界是一个由人和机器构成的超级混合体,但再先进的算法也比不了人类会思考的大脑,元宇宙可能也有边界,但人的想象力永远没有边界。

——罗　强　著名互联网主义艺术家、全球首个线下NFT加密艺术个展举办者

如果你还没有意识到,新兴数字技术正在以前所未有的速度重构人类生活,将你拉入虚拟时空,本书绝对可以帮到你。如何理解数字经济时代层出不穷的新现象和未来趋势?本书给出了深刻且有趣的解读、颠覆性判断和大胆预言,保证你在愉悦的阅读中脑洞大开!

——毛基业　人民大学商学院院长

我们常说,区块链发现了数字经济的一片新大陆、一个平行宇宙。如果这种说法成立,元宇宙就是这个平行宇宙的终极实现,是数字资产的终极容器,也是数字商品的终极消费场景,代表了当前我们对于数字经济的最大胆也是最激动人心的构思。了解元宇宙,是把握数字经济财富机遇的必经之路。

——孟　岩　Solv协议创始人、数字资产研究院副院长

记得1999年的夏天,看大片《黑客帝国》觉得超酷!它告诉我

们世界是可以通过数字进行万物互联的!虽然它不过是通过电影抒发一下人们的想象而已,但 22 年过去了,世界的发展,早已超乎人们的想象!数字时代就在眼前,没有网络的世界已不可想象。今夏,读这本书,深感它的热度,它启发人们思考在技术推动下,社会新的形态、新的模式和发展趋势。超炫!

——**潘庆中**　清华大学苏世民学院常务副院长、
中国公共关系学会副会长

也许每个人都无数次地希望重活一次。元宇宙提供了现实之外另一种重新生活的方式。技术发展让这个"新世界"越来越生动,体验越来越真实。这套书的出版对于有意了解和投资元宇宙的有识之士具有重要的参考价值,值得细细评读。

——**秦　朔**　人文财经观察家、"秦朔朋友圈"发起人

人类是现实世界的认知奴隶,却正在成为元宇宙的上帝。

——**沈　阳**　清华大学教授

元宇宙是什么?一个平行于现实世界并始终在线的沉浸式虚拟世界,其核心在于对虚拟世界中虚拟资产和虚拟身份的承载,用户可在其中进行文化、社交、娱乐活动,进行一系列虚拟活动,这个由游戏与虚拟空间组成的庞大新世界正在崛起,或将成为万物互联时代的终极赛道,我们不得不高度重视!

——**宋宇海**　京东天使投资人

这是一个数字爆炸的时代,这是一个科技造富的时代。如何平衡

精神与物质、工作与生活、虚拟与现实,是很多当代人的困惑。读了本书,你会茅塞顿开、幡然醒悟,明白生命的意义、存在的价值!本套书为整个社会乃至全人类指明了方向!

——汤旭东　创势资本董事长、创始合伙人

透过"元宇宙"系列书,我得以看到未来虚拟世界的前景,它拥有完整的经济和生活系统,已然是独立于现实世界的另一套社会生活体系,人类可以正常地进行社交娱乐、生产生活和交易等活动。支付体系的建立打通了现实世界和虚拟世界的桥梁,是元宇宙世界必不可少的元素。

——唐　彬　易宝支付 CEO

元宇宙是平行于现实世界的一个虚拟世界,数字承载着人类的虚拟身份与资产,代表着人类的财富与信用,是未来数字社会发展的必然趋势。"元宇宙"系列书展现的未来虚拟世界和技术发展路径给人以无穷的想象和启发,使我们对元宇宙世界的美好场景充满了憧憬。

——唐　宁　宜信集团 CEO

元宇宙突破我们对未来世界的想象力,可能代表最新的社交方式、生产关系、数字化内容。元宇宙生态里一定会诞生一大批充满生产力的建设者,也会催生一批科技创新的公司,为未来世界描绘蓝图、创造价值。每一位未来世界的建设者都值得读一读这套书。我也借助这本书学习受益匪浅。点赞!

——唐肖明　惟一资本创始人

物理世界的长江润泽中华大地和企业家的心灵，元宇宙数字世界里的长江则可以流向每一个需要的地方，助力每一个值得助力的人，哪里有需求哪里就会流入数字长江的智能合约。这套新书是帮助我们进入元宇宙无尽价值世界的好伙伴。

——滕斌圣　长江商学院副院长战略学教授

元宇宙的本质是开放，加之融合区块链技术带来的价值元素，为其赋予了更多想象空间。有人将元宇宙视作人类文明的下一个载体，也有人质疑它存在过度炒作的泡沫。本书从历史纵向维度和产业横向维度分别展开，勾勒出元宇宙世界清晰翔实的全貌，为读者提供了认识和探索元宇宙的捷径。

——王　峰　火星财经及 Element 创始人

虽然元宇宙目前还很难被定义，但这个概念已经有了足够的热度。我们可以怀疑元宇宙论，但不能盲目地拒绝。我们不一定非要参与其中，但起码我们要去了解一下。这本书正是了解和理解元宇宙的不二选择。

——王富强　互动吧创始人

元宇宙是个新概念，我的理解是虚拟世界、是数字世界、是游戏世界，是 VR、AR 和 MR。真的是什么请看这第一套专著。

——王　璞　北大纵横创始人、中国生产力促进中心协会名誉会长

IT、互联网、AI、云计算、区块链等每一次产业的大发展，背后离不开创业者和我们投资界的相互成就，已然开启的元宇宙世

界,将会是更为宏大的产业浪潮,也许将会是互联网的终极形态。这套新书,是帮助大家走进元宇宙数字世界的好帮手。

——王少杰　中关村股权投资协会会长

互联网世界最大的一个特征就是创造消费。元宇宙又将是一个新的未来型消费幻想,有需求就会有供给,就会有投资。至于未来会是什么,回答就是可以把未知的未来,拿到今天来消费。

——王世渝　数字辉煌科技创始合伙人、富国富民资本创始合伙人

纯数字形态产品的创造、交换、消费已经在当今时代的经济与社会生活中体现得越来越明显。"元宇宙"的提出就是为了揭示和描绘这一重要趋势。本书将带你系统了解和把握这个与你息息相关的新世界。

——王文京　用友网络董事长兼CEO

被虚拟互联网和人工智能深深改造了的宇宙,是一个无边界的混沌元宇宙。在这里,一切是非善恶好坏不停地反转,即生即灭,能量起伏呈现巨大的不确定性或无穷性。个人或组织,唯有一切从零出发,敬畏无穷性,不断打破边界,聚集宇宙能量不断创造精美绝活,以拓展人类和宇宙巨大无穷性的福祉。

——王育琨　伟事达私董会教练与管理哲学家

数字化转型的第一步是建立数字分身。《头号玩家》所想象的世界,是具象的数字分身所组成的虚拟空间,也是本书"元宇宙"概念的形象呈现。可以从三个层面前瞻充满想象力的元宇宙:在技术

层面，它可能是将一系列的新科技和黑科技，比如 5G、区块链、沉浸式 VR/AR、数字加密货币等，有机组织的场域；在社群与经济的层面，它促生年轻世代的虚拟社群，将体验经济和注意力经济推向极致；前瞻人与人工智能博弈，它又似乎能扮演衔接基因进化文明与数字知识文明的连接器。本书虽有一种杂糅玄学的味道，但作为对"人＋机器"的未来的一种思考，的确脑洞大开。

——吴　晨　《经济学人·商论》执行总编辑

几位作者洞察到了数字世界的最新发展方向，送给了我们一盏明灯，指引我们探索数字时代充满无限可能的全新未来。

——吴　刚　九鼎集团董事长

我们一部分人花在虚拟世界的时间已经多过花在现实世界的时间。未来，我们绝大部分人花在虚拟世界的时间很可能会多过花在现实世界的时间！这种革命性的变化，即元宇宙新时代。强烈推荐中国首套系统描述未来元宇宙世界的系列丛书，让我们一起预测未来并创造未来。

——吴家富　沐盟科技集团董事长、中国通信学会
　　　　　　创新驱动委员会资本组组长

随着区块链、人工智能、大数据、云计算、VR、5G 等技术的发展，我们正身处一个充满变化和挑战的时代，不断提高科技创新能力关乎个人发展和民族复兴。"元宇宙"的提出，为我们创造了无数崭新的可能性，揭示了未来社会的生态图景。在这个大背景下，《元宇宙》和《元宇宙通证》惊艳诞生。我们相信，元宇

名家推荐

宙将带来一场巨大变革,对全球经济秩序产生巨大影响,年轻人任重而道远,正所谓"长江后浪推前浪""江山代有才人出"!

——吴晓青　民建中央副主席、中国产学研合作促进会常务副会长

"宇"代表上下四方,"宙"代表古往今来,宇与宙合在一起,代表着无限的空间和时间,象征着无限种可能……"元宇宙"系列书告诉我们,宇宙还有另一种打开方式。元宇宙丰富了我们的想象空间,扩展了我们的认知模式,是人类技术与艺术、商业与社会的又一次大融合、大跨越。元宇宙时代已经到来,我们很难说清哪一个是虚拟的、哪一个是真实的世界……或许真实世界本来就是虚拟的,而虚拟世界却是真实的……

——徐浩然　中国第一个首席品牌官、中国中小企业协会副会长

"元宇宙"将是未来虚拟世界中最具潜力的领域,技术成熟度的拐点似乎已经到来。数据、数字物品、数字化形态的内容以及IP都可以在元宇宙中通行。

——宣　鸿　中关村发展集团总经理、中关村大数据产业联盟理事长

元宇宙源于尼尔·斯蒂芬森在1992年出版的科幻小说《雪崩》,在经历了从《黑客帝国》到《头号玩家》后,Metaverse已经从文学作品搬上了好莱坞影视巨作的荧幕,成为时空架构的重要元素之一,不断冲击着人类的眼球。目前,元宇宙渐具实现的技术基础,元宇宙平行世界或已并不遥远,通过"元宇宙"系列书我们或许可得以窥之。

——易　鹏　盘古智库理事长

无论在什么状况下，不管时空如何转变，加密艺术（即区块链艺术）、元宇宙等互联网文化形态都应连接现实和未来，拒绝固化和稳定，用超乎寻常的思想与方式，与星际空间密切沟通。可以预见，在未来的某一刻，数字世界的超能量会把现有的现实结构、观念一一撕裂，核变出前所未有的无限形态。这本书内容精彩，值得深入阅读。很好奇也很期待一个超越现实世界和物理形态的元宇宙所带来的未来……

——尤莉娅 A. Yang　乌克兰 NFT 加密艺术家

元宇宙将是我们在未来的主要社交、娱乐、工作、协同的"载体"或"基地"。元宇宙是"新物种"，更将是新物种的"母体"，有望在五年内改变人类的生活方式。在区块链和 NFT 等技术与应用的助推下，未来我们都将在元宇宙这个全新的数字世界中，创造大量新型数字资产，进而重塑财富格局。从现在开始，每个人都应该关注和理解元宇宙，读一读"元宇宙"系列书，这对我们的未来将会至关重要。

——于佳宁　中国通信工业协会区块链专委会轮值主席

一个由游戏与虚拟空间组成的庞大新世界正在崛起，这就是"元宇宙"。元宇宙具有巨大的潜力，也承载着伟大的变革使命。这套书对于驱动元宇宙发展的技术基础，元宇宙平台的运作要素，为了建立起健康而充满活力的生态系统所需要构建的元宇宙经济体系，都进行了深入浅出的探讨。致敬创作本书的几位年轻布道者，引领大家一起去探索未来世界。

——曾　良　天使投资人、互联网创业家

名家推荐

互联网是在一个相对混乱过程中"诞生"的产物,开放的(主要是学术的)互联网与封闭的(主要是面向消费者的)服务还处在并行发展阶段,元宇宙时代的到来一定会成为推动宇宙科技和人类文明快速发展的主要动力。今天,虽然我们对元宇宙如何为用户提供服务还尚不清楚,但是,我相信随着科学实践的发展,我们一定可以突破人类认识上的困难,本书会成为我们认知世界的好帮手。

——张进隆　英国中华总商会主席、商域国际集团董事长

如同老子在《道德经》中所言:天下万物生于有,有生于无。天下万物生于有的现实,有的现实生于虚无的元宇宙世界,元宇宙未来虚拟世界的发展将决定现实世界万物的发展,想要知道未来的现实世界是什么样的,就得深刻去理解未来的元宇宙世界是什么样的。

——张瑞海　百悟科技董事长

元世界是一种全新的建设起点,它涵盖了技术、金融、社会学、法学等多个领域。每一种文明都会发展到一个特定阶段,都会进入一种新的哲学范畴,即人可能会变成神。相较于古人而言,在当今信息量爆炸的网络时代,我们几乎做到了信息的穷尽。全知全能之后,人产生了基于神的使命感。在本书里,你可能会发现如同宇宙大爆炸一样震撼的视角,生命在哪里诞生,生态在何时繁荣,在无限的前提下,混沌和秩序是如何产生,碳基和硅基是如何交接。而最终,存在和意义的命题,可能会随着人们创造宇宙的能力而找到答案。

——张晏佳　工信部互联网+产业融合工作组秘书长、晏瓴资本董事长

123

在元宇宙时代，事业的版图取决于我们能在多大范围把不同的要素整合在一起，元宇宙提供了无尽的时空，真是"海阔凭鱼跃，天高任鸟飞"。

——张宗真　全国政协委员、永同昌集团董事局主席

现在"元宇宙"的概念越来越热，给了人们对未来的憧憬。由于基础建设，各种各样的软硬件技术的发展，再加上更年轻一代对多维世界追求的好奇心，在未来会出现一些人们能够沉浸其中的应用，甚至生活。它会把身份、社交关系、丛林法则，及在此基础上建立的一套经济系统整合起来，为大家创造新的生活方式。我小时候看的科幻电影，绝大多数都已经成为现实。现在我们看的科幻电影，如《头号玩家》，在将来也一定会变成现实。

——章苏阳　火山石资本创始合伙人兼董事长

数字城市的本质是构建城市的数字孪生，其核心是通过数据的生产、采集、运营和赋能，打通数字空间和物理世界，形成数字孪生闭环。而数字城市的升级会不会将是城市化元宇宙？人们创造、生活、娱乐乃至工作的时间将越来越多地花在"元宇宙"中，相信这将带来一次全球范围内经济形态、文化范式等全方位的变革浪潮。正逢建党百年伟大的"觉醒时代"，"恰同学少年，风华正茂，书生意气，挥斥方遒"，相信你们正是"路漫漫其修远兮，吾将上下而求索"的一群浪漫的理想主义者！

——周鸿祎　360公司创始人、董事长兼CEO

当前，数字技术已经广泛应用于社会生产、生活等场景，正在全

方位、全角度、全链条为所有领域赋能、为所有个体赋智、为所有主体赋速。"元宇宙"剑指互联网的"终极形态",是数字化未来的一个更具象化的综合体,是数字经济创新和产业链拓展的新疆域,随着AR、VR、5G、云计算等技术的成熟度提升和沉浸感、参与度、永续性的实现,"元宇宙"有望逐步从概念走向现实,在数字化的世界中去重构现实中的社交、生活乃至经济与社会系统。

——朱　玉　中国信息协会副会长

《元宇宙通证》编委会成员

邢　杰　赵国栋　徐远重　易欢欢　余　晨　艾　欣
张小平　苏　彤　刘　菁　张钢乐　蒋平富　李　明
张　岚　王　汉　修　磊　屠思睿　李　茜